보라 내가 속히 오리니

말세의 예언과 징조 그리고 그 후

보라 내가 속히 오리니
말세의 예언과 징조 그리고 그 후

지 은 이 ｜ 강인규

초판발행 ｜ 2008년 2월 15일

발 행 처 ｜ 새삶전도협회

출판등록 ｜ 제 25100-2007-26호

주　　소 ｜ 143-898 서울시 광진구 중곡동 157-1

전　　화 ｜ 478-7106, 010-7770-7094

팩　　스 ｜ 453-9020

인　　쇄 ｜ 금강인쇄 2274-6598

■ 책값은 뒷표지에 있습니다.

ISBN 978-89-960006-1-7 03230

※ 이 책에 사용된 성경은 개역한글판입니다.

보라
내가 속히 오리니

말세의 예언과 징조 그리고 그 후

강 인 규

새삶 전도협회

책을 내며

제가 주님 사랑 안에서 목회를 하다 보니 50년이란 긴 세월이 흘렀습니다. 50년이란 세월이 짧은 세월이 아닌데 짧은 세월같이 느껴지는 것은 웬일일까요?

제 나름대로는 주님 안에서의 삶을 소홀히 산 적이 없고, 그 날 그 날 주어진 삶을 우리 주님을 위해서 부지런히 산다고 살았습니다. 그럼에도 불구하고 빚진 자처럼 심령이 무거운 것은 웬일일까요?

그것은 복음전도의 부담 때문이라고 여겨집니다. 복음전도의 사명을 생각하면 항상 부담감을 떨쳐버릴 수가 없습니다. 그래서 이번에 제 마음 속에 있는 것들을 글로 써보았습니다. 단순한 복음전도의 수준을 넘어서 예수님의 재림에 관한 말씀과 그 후에 장차 일어날 일들, 예언들을 써보았습니다. 성경에서 예언하신 대로 최대한 순서에 따라 설명하기 위해 노력했습니다. 여기에 기록된 내용들은 성도들에게 귀중한 메시지가 될 것입니다.

우리 그리스도인들은 예수님의 재림과 관련하여 지금이 어느 시대, 어느 경점인지를 최대한 알면서 살아야 합니다. 마태복음 25장에 보면 열 처녀의 비유가 기록되어 있는데 다섯 처녀는 슬기로워서 신랑의 출현이 더딤으로 등불을 예비하고 있다가 놓치지 않고 맞이한 것을 볼 수 있듯이, 이 시대의 성도들도 재림의 예수님을 깨어있는 믿음으로 바라며 살아야 하는 것입니다.

세월은 하나님께서 작정하신 계획에 따라 어김없이 흐르고 있습니다. 두루뭉실하게 마치 호박이 구르듯 되는 대로 돌아가는 세월이나 세상이 아닙니다. 시작이 있으면 반드시 끝이 있는 세월이요, 세상입니다

성경에 기록된 말세의 징조들과 세상의 표징들을 잘 보면서 경성한 심령으로, 문자 그대로 신앙생활(信仰生活, 재림하실 예수님을 바라보며 사는 믿음의 삶)을 잘 해야 합니다. 이 시대가 바로 그런 때인 것입니다.

"이 예언의 말씀을 읽는 자와 듣는 자들과 그 가운데 기록한 것을 지키는 자들이 복이 있나니 때가 가까움이라"(계 1:3).

"보라 내가 속히 오리니 내가 줄 상이 내게 있어 각 사람에게 그의 일한 대로 갚아 주리라 나는 알파와 오메가요 처음과 나중이요 시작과 끝이라"(계 22:12-13).

2008년 2월

강 인 규

추천의 글

하나님께서는 성경을 통하여 우리들에게 모든 것들을 가르쳐 주시고 밝히 보여 주셨습니다. 이미 이루어진 일들과 지금 이루어지고 있는 일들과 앞으로 이루어질 일들에 대하여 성경은 분명하게 가르쳐 주고 있습니다.

성경의 주인공은 예수 그리스도이시요,

성경의 주제는 예수 그리스도의 오심입니다.

구약성경의 핵심은 '예수 그리스도께서 세상 죄를 지고 가는 하나님의 어린 양, 즉 메시아(구세주)로 오시리라' 이고, 신약성경의 핵심은 '예수 그리스도께서 만왕의 왕으로, 만주의 주로, 그리고 세상을 심판하실 심판주로 오시리라' 입니다.

예수 그리스도의 재림에 대해서는 신약성경에서 300여회나 "생각지 않은 때에 인자가 오리니 슬기로운 처녀들처럼 깨어 재림하시는 주님을 맞이할 준비를 하라"고 경고하고 있는데 예수 그리스도의 재림이 자기들의 멸망임을 잘 알고 있는 마귀사단은 사람들로 하여금 예수 그리스도의 재림을 믿지 못하게 하기 위하여 간교한 계교로 '다미선교회'를 통하여 '1992년 10월 28일 밤 12시에 예수님이 재림하여 세상에 종말이 온다' 는 거짓 예언으로 온 나라를 혼란스럽게 만들었습니다. 그리고 그 후로는 세상 사람들은 물론이고 교회의 강단에서 재림을 강조하는 설교가 줄어들었고, 그리스도인들마저도 재림의 사실을 잊은 듯 예수님을 맞이할 준비를 게을리해 온 것이 현실입니다.

 이러한 때에 평생을 섬기시던 교회의 강단에서, 국내와 세계 여러 나라의 교회들의 강단에서, 극동방송 설교를 통하여, 많은 저서들을 통하여 오로지 예수 그리스도의 구원의 복음을 증거하여 많은 영혼들을 주님께로 돌아오게 하는데 크게 쓰임 받으신 강인규 목사님께서 팔순이 지난 연세임에도 불구하고 한 영혼이라도 더 구원받게 하기 위하여, 그리고 잠자는 그리스도인들을 깨우기 위하여 〈보라 내가 속히 오리니〉라는 귀한 책을 세상에 내어 놓으신데 대하여 진심으로 축하드리며, 하나님께 감사와 영광을 돌려드립니다.

 목사님께서는 이 책을 통하여 인류의 조상 아담에서부터 시작하여 어떻게 죄가 세상에 들어 왔으며, 어떻게 죄와 지옥의 형벌에서 구원받는지, 즉 예수님을 구주와 주님으로 믿지 않은 죄를 회개하고 예수 그리스도의 십자가의 대속의 죽으심과 부활로 완성해 놓으신 구원의 사실을 믿고 받아들임으로써 구원받는다는 사실과 예수 그리스도의 재림의 징조들과 공중재림, 7년 대환난, 그리고 흰 보좌 심판 후의 새 하늘과 새 땅(영광스러운 천국) 등 성경 전체의 핵심 내용들을 일목요연하게 우리들에게 가르쳐 주고 있습니다.
 아직까지 구원의 확신이 없는 분들은 이 책을 통하여 예수 그리스도를 구주와 주님으로 영접하여 구원받으시기 바랍니다.

그리고 거듭난 그리스도인들은 이 책을 통하여 슬기로운 다섯 처녀들처럼 세상의 잠에서 깨어나 곧 오실 주님을 맞이할 준비를 잘 해야 하겠습니다. 예수 그리스도를 알지 못하고 지옥으로 가고 있는 불쌍한 영혼들에게 부지런히 구원의 복음을 전하며 "보라 내가 속히 오리니 내가 줄 상이 내게 있어 각 사람에게 그의 일한대로 갚아 주리라"는 약속의 말씀을 굳게 믿고, 내게 주어진 은사와 재능을 최대한 발휘하여 주님의 몸된 교회를 잘 섬김으로 영광스러운 그 날 주님께로부터 칭찬과 면류관을 받으시기 바랍니다.

이 귀한 책을 모든 사람들이 꼭 읽어야 할 필독서로 추천합니다.

2008년 2월

제물포 성서침례교회
이 용 대 목 사

차 례

1부

예수는 성경의 주인공

1
예수는 성경의 주인공

"너희가 성경에서 영생을 얻는 줄 생각하고 성경을 상고하거니와 이 성경이 곧 내게 대하여 증거하는 것이로다"(요 5:39).

요한복음 5장 39절의 말씀은 예수께서 구주이심을 드러내시는 활동을 시작하신지 얼마 되지 아니한 초기 때, 예루살렘의 양문(羊門) 곁에 있는 베데스다라는 못 가까운 곳에서 병을 고치기 위하여 모여든 많은 무리들을 향하여 하신 말씀이었습니다. 예수님은 이 날 모든 사람들이 보는 가운데 38년 동안이나 병석에 누워 있었던 사람을 말씀으로 고쳐주시고 걸어가게 하셨습니다. 그리고 많은 무리들 앞에서 요한복음 5장 39절의 말씀을 선포하셨습니다. 이 일로 인하여 안식일에 병자를 고쳤다고 예루살렘성이 발칵 뒤집혔고, 예루살렘의 유대인들은 베데스다 못가에 모여 들었으며, 예수님은 그 날 사람들로부터 심한 핍박을 받으셨습니다.

독자 여러분은 예수님께서 말씀하신 요한복음 5장 39절 말씀을 어떻게 생각하시는지요? 이 때 예수님의 나이는 겨우 30세를 넘은 젊은 사람인데다가, 예수는 시골 나사렛 동네의 한 가난한 목수인 요셉의 아들이었습니다. 그런 신분의 예수가 요한복음 5장 39절의 말씀을 많은 회중들 앞에서, 한 병자를 고쳐준 후에 선포를 한 것입니다.

구약성경은 예수님 당시로부터 400년~1400년 전에 기록된 말씀인데, 그 성경이 예수 자신을 위해서 기록된 것이라고 하니 그 당시 유대인들에게는 그야말로 기가 막힐 소리로 들릴 수밖에 없었을 것입니다. 그러나 저들을 충분히 이해하면서도 아쉬움을 느끼게 되는 것은 웬일일까요? 그것은 그들이 침례 요한을 하나님께서 쓰시는 선지자로 믿고 요한이 외치는 말만 들었더라도 예수님을 믿을 수 있었을 것이기 때문입니다. 침례 요한은 "보라! 세상 죄를 지고 가는 하나님의 어린 양이로다!" 하면서 많은 이스라엘 사람들 앞에서 예수님을 증거하며 외쳤습니다. 그러나 그들은 안타깝게도 그 말씀을 들을 귀가 없었습니다.

구약에서 상징적인 예수

요한복음 5장 39절에는 '성경(聖經)'이라는 말이 3회나 기록되어 있는데 여기에서 '성경(聖經)'은 당연히 '구약성경(舊約聖經)'을 두고 하신 말씀입니다. 예수님께서 이 말씀을 하시던 때의 '신약(新約)'은 살아계시는 예수님 자체가 신약이므로 신약성경(新約聖經)이 있을 리가 없지요. 예수님의 말씀 하나 하나가 신약이며, 행동 하나 하나가 신약의 내용이므로 글로 기록된 신약은 예수께서 구약의 예언들을 다 성취하시고 승천하신 후, AD 100년쯤 되어서야 완성되었습니다.

그런데 예수께서는 구약성경을 가지고 "너희가 성경에서 영생을 얻는 줄 생각하고 성경을 상고하거니와 이 성경이 곧 내게 대하여 증거하는 것이로다!"(요 5:39) 하고 말씀하셨습니다. 예수님의 이 말씀은 그 당시 이스라엘 사람들을 깜짝 놀라게 했습니다. 왜냐하면 예수께서는 구약성경을 들고 이 성경의 내용이 곧 내게 대하여 기록했고, 내가 영생을 주는 구주라는 사실을 기록한 것이라고 말씀하셨기 때문입니다. 이 말씀은 구약성경을 이해하는데 있어서 대단히 귀중한 말씀입니다. 많은 그리스도인들이 말하기를 구약은 어렵고 재미가 없다고 합니다. 물론 어려운 부분도 많이 있습니다. 그러나 요한복음 5장 39절의 말씀은 구약을 푸는 비결입니다. 그 비결이란 '예수 그리스도'입니다. 물론 구약성경에는 신약성경에서

처럼 예수 그리스도라는 거룩하신 이름은 없습니다. 구약성경에는 장차 이 세상에 오실 만인의 구주이신 예수님에 관한 예언들과 구원에 관한 것을 다양한 사건, 다양한 비유, 다양한 모습, 다양한 상징 등을 통해서 보여 주고 있습니다.

예를 들면 * 하나님께서 아담과 하와를 위하여 짐승의 가죽으로 옷을 지어 입히신 후 추방하심 * 노아 홍수 때의 방주 * 노아 홍수 이후의 무지개 * 아브라함에게 복의 근원되는 자손을 약속 * 이삭 대신 희생된 양 * 안식일 * 유월절 * 야곱이 꿈에 본 사닥다리 * 광야에서 물을 낸 반석 * 장대 끝에 달린 놋뱀 * 대제사장 * 성전 * 희생된 양들과 피 등입니다.

"너희가 성경에서 영생을 얻는 줄 생각하고 성경을 상고하거니와 이 성경이 곧 내게 대하여 증거하는 것이로다"(요 5:39).

구약의 직접적인 예언들

구약에는 예수 그리스도에 관한 직접적인 예언도 기록되어 있습니다. 누구라도 들으면 이해가 되는 실제적인 예언들도 많이 기록되어 있습니다.

그런 예언들을 몇 가지 소개하면

"그러므로 주께서 친히 징조로 너희에게 주실 것이라 보라 처녀가 잉태하여 아들을 낳을 것이요 그 이름을 임마누엘이라 하리라"(사 7:14).

"이는 한 아기가 우리에게 났고 한 아들을 우리에게 주신 바 되었는데 그 어깨에는 정사를 메었고 그 이름은 기묘자라, 모사라, 전능하신 하나님이라, 영존하시는 아버지라, 평강의 왕이라 할 것임이라"(사 9:6).

"여호와께서 가라사대 보라 내 종이 형통하리니 받들어 높이 들려서 지극히 존귀하게 되리라 이왕에는 그 얼굴이 타인보다 상하였고 그 모양이 인생보다 상하였으므로 무리가 그를 보고 놀랐거니와 후에는 그가 열방을 놀랠 것이며 열왕은 그를 인하여 입을 봉하리니 이는 그들이 아직 전파되지 않은 것을 볼 것이요 아직 듣지 못한 것을 깨달을 것임이라 하시니라"(사 52:13-15).

"그는 실로 우리의 질고를 지고 우리의 슬픔을 당하였거늘 우리는 생각하기를 그는 징벌을 받아서 하나님에게 맞으며 고난을 당한다 하였노라 그가 찔림은 우리의 허물을 인함이요 그가 상함은 우리의 죄악을 인함이라 그가 징계를 받음으로 우리가 평화를 누리고 그가 채찍에 맞음으로 우리가 나음을 입었도다 우리는 다 양 같아서 그릇 행하며 각기 제 길로 갔거늘 여호와께서는 우리 무리의 죄악을 그에게 담당시키셨도다"(사 53:4-6).

"내 하나님이여 내 하나님이여 어찌 나를 버리셨나이까 어찌 나를 멀리하여 돕지 아니하옵시며 내 신음하는 소리를 듣지 아니하시나이까"(시 22:1).

"하나님께서 말씀하시되 오라 우리가 서로 변론하자 너희 죄가 주홍 같을지라도 눈과 같이 희어질 것이요 진홍같이 붉을지라도 양털같이 되리라"(사1:18).

구약서의 모든 예언들의 핵심은 하나님께서 죄 때문에 멸망 중에 있는 인생들을 긍휼히 여기셔서 구원하시기 위하여 친히 사람의 형상을 입고 인간으로 태어나셔서 죄 짐을 지시고 참혹한 십자가의 처형을 통해서 만인이 보는 가운데 피와 물을 다 쏟으시고 죽으심으로 죄 값을 지불하시고 죽으신지 3일 만에 부활하심으로써 구원의 길을 열어 주셨다는 것입니다. 바로 그 분이 우리 주 예수 그리스도이십니다.

구약을 성취하신 주님

구약에서 여러 선지자들이 예언하신 대로 때가 되어서 예수께서 탄생하심으로써 예언은 하나씩 하나씩 성취되었습니다.

예언

"그러므로 주께서 친히 징조로 너희에게 주실 것이라 보라 처녀가 잉태하여 아들을 낳을 것이요 그 이름을 임마누엘이라 하리라"(사 7:14).

성취

"보라 내가 온 백성에게 미칠 큰 기쁨의 좋은 소식을 너희에게 전하노라 오늘날 다윗의 동네에 너희를 위하여 구주가 나셨으니 곧 그리스도 주시니라"(눅 2:10-11).

예언

"내 하나님이여 내 하나님이여 어찌 나를 버리셨나이까! 어찌 나를 멀리하여 돕지 아니하옵시며 내 신음하는 소리를 듣지 아니하시나이까!"(시 22:1).

예언

"나는 물같이 쏟아졌으며 내 모든 뼈는 어그러졌으며 내 마음은 촛밀 같아서 내 속에서 녹았으며 내 힘이 말라 질그릇 조각 같고 내 혀가 잇 틀에 붙었나이다 주께서 또 나를 사망의 진토에 두셨나이다 개들이 나를 에워쌌으며 악한 무리가 나를 둘러 내 수족을 찔렀나이다 내가 내 모든 뼈를 셀 수 있나이다 저희가 나를 주목하여 보고 내 겉옷을 나누며 속옷 을 제비뽑나이다"(시 22:14-18).

예언

"그는 실로 우리의 질고를 지고 우리의 슬픔을 당하였거늘 우리는 생각 하기를 그는 징벌을 받아서 하나님에게 맞으며 고난을 당한다 하였노라 그 가 찔림은 우리의 허물을 인함이요 그가 상함은 우리의 죄악을 인함이라 그가 징계를 받음으로 우리가 평화를 누리고 그가 채찍에 맞음으로 우리가 나음을 입었도다 우리는 다 양 같아서 그릇 행하여 각기 제 길로 갔거늘 여호와께서는 우리 무리의 죄악을 그에게 담당시키셨도다"(사 53:4-6).

성취

"제 육시로부터 온 땅에 어두움이 임하여 제 구시까지 계속하더니 제 구시 즈음에 예수께서 크게 소리 질러 가라사대 엘리 엘리 라마 사박다 니 하시니 이는 곧 나의 하나님, 나의 하나님, 어찌하여 나를 버리셨나이 까 하는 뜻이라"(마 27:45-46).

성취

"다 이루었다 하시고 머리를 숙이시고 영혼이 돌아가시니라"(요 19:30).

구약의 중심이 되는 예언은 예수 그리스도이며, 예수 그리스도에 관한 핵심 예언은 천하 만민의 구원을 위한 십자가의 사건인 것입니다.

만약 예수께서 이 세상에 오시지 아니하였다면 어떻게 되었을까요? 구약성경은 결국 인류 역사상 최고(最古) 최대(最大)의 걸작 거짓말 책으로써 혹평을 받고 버린 바 된지 오래일 것입니다. 그러나 구약의 다양한 계시와 예언대로 만인의 구주 예수 그리스도께서는 예언하신 그대로 이 세상에 오셔서 십자가의 사건을 통해서 구원을 성취하시고 죽으신지 3일 만에 부활, 그리고 승천하심으로써 만인의 구주가 되셨습니다.

신약의 완성

"너희가 성경에서 영생을 얻는 줄 생각하고 성경을 상고하거니와 이 성경이 곧 내게 대하여 증거하는 것이로다"(요 5:39).

예수님의 이 말씀과 구약서에 기록된 모든 예언의 말씀은 예수님에 대한 말씀인 동시에, 이제부터 죄인들의 영생을 위하여 만인의 구주로서 이루어야 할 일들이 많이 있음을 의미하는 말씀이기도 합니다.

예수께서 만인의 구주로서 이루셔야 했던 귀중한 일은 친히 만인의 죄를 지고 십자가에 달려 대속을 위한 피를 다 흘리시고, 죽으신지 3일 만에 부활하심으로써 죄인들이 예수님 자신을 통해서 아버지 하나님께로 나아갈 수 있는 구원의 길을 활짝 열어 주시는 것이었습니다. 그 일을 위해서 이 세상에 오셨던 것입니다.

하나님의 전령자 침례 요한은 예수님을 보고 "보라! 세상 죄를 지고 가는 하나님의 어린 양이로다" 하고 말했습니다. 구약시대 때 흠도 티도 없는 깨끗한 양이 인간들의 대속의 제물이 되어 희생된 것처럼 예수님께서 십자가에 달려 피를 다 흘리시고 죽으셨습니다. 예수님은 숨이 끊어지기 전에 "다 이루었다!" 하시고 숨을 거두셨습니다. 그리고 죽으신지 3일 만에 부활하심으로써 만인의 구주이심을 보이신 후 제자들이 보는 가운데 승천하셨습니다.

예수님께서는 이렇게 해서 구약의 예언과 모든 계시적인 예언들을 다 이루어 주셨습니다. 그 뿐만 아니라 특별히 바울을 이방인들을 위한 사도로 세우셔서 교회들의 치리를 위한 지침서와 복음전도의 사명, 교회들을 위한 위로와 격려의 말씀, 장차 교회들의 영광스런 장래에 관해서, 내세에 관해서, 예수님의 재림에 관해서, 교회들의 복음전도의 사명에 관해서 권능이 넘치는 문체로 교회 서신들을 기록하도록 하셨습니다.

내가 진실로 속히 오리라!

신약의 마지막 책은 요한계시록입니다. 신약성경이 완성되었다고 해서 모든 것이 끝난 것은 아닙니다. 예수님께서 하실 일들은 신약성경 마지막 책인 요한계시록에 기록되어 있습니다. 아직 하실 일들이 있습니다. 예수님께서 이 세상에 사람의 형상을 입고 오신 것은 크게 두 가지 일을 위해서입니다.

첫째는 십자가에 달려 피 흘려 죽으심으로써 죄 사함의 길을 열어 주시기 위함이요, 둘째는 교회를 이 땅에 세우시고 복음을 온 세상에 전해서 죄인들을 구원하시기 위함입니다. 예수님께서는 은혜의 시대를 열어주신 것입니다. 어느새 2,000년의 세월이 흘렀습니다.

예수님께서 천국으로 올라가시기 전에 "내가 진실로 속히 오리라! 나는 알파와 오메가요, 처음과 나중이요, 시작과 끝이라!" 하신 이 말씀이 사랑하는 제자들에게 마지막으로 하신 말씀이었습니다. 다시 말하면 예수님께서는 반드시 다시 오셔야 하고, 반드시 다시 오십니다. 언제 오시느냐고요? 오실 즈음의 징조는 말씀해 주셨지만 때와 기한에 관해서는 말씀해 주시지 않으셨습니다.

"가라사대 때와 기한은 아버지께서 자기의 권한에 두셨으니 너희의 알 바 아니요"(행 1:7).

그것은 성부 하나님의 권한 하에 있다고 말씀하셨습니다. 중요한 것은 예수님께서 다시 오신다는 사실입니다. 그리고 어느 때 오시더라도 예수님을 맞이할 준비가 중요합니다. 그 준비란 하나님을 경외하지 못한 죄악된 삶에서 돌이켜 예수님을 자신의 구주로 영접하고, 하나님의 말씀에 순종하며 영광 돌리는 삶을 살아야 하는 것입니다.

그런데 예수님께서 다시 오신다는 사실이 왜 사람들에게 중요할까요? 예수님께서 다시 오시는 목적은 요한계시록에 기록되어 있는데 예수께서 만주의 주, 만왕의 왕으로서 이 세상에 오셔서 모든 피조물들(인간들)을 통치 지배하심으로 하나님께 영광을 돌려드리고, 모든 피조물들을 공의와 진리로 심판하여 생명책에 기록된 의인들은 영원한 하나님의 나라로, 생명책에 녹명되어 있지 않은 자들은 영벌(永罰)의 처소에 투옥함으로써 완결하시려는 것입니다.

"나는 알파와 오메가요 처음과 나중이요 시작과 끝이라"(계 22:13).

예수님은 반드시 다시 오십니다.

구약과 신약은 두 종류의 책이 아닙니다. 하나의 책, 하나님의 사람들이 성령님의 감동하심을 받아 기록한 하나님의 말씀입니다. 이 성경은 각각 다른 시대의 사람들인 약 40명의 기자들이 약 1,600년이란 오랜 세월 동안 기록한 것입니다. 66권에 기록된 이 성경에는 번역상의 오역은 있을지라도 원어상으로는 일점일획도 오류가 없는 완벽한 진리의 책이며, 거룩하신 하나님의 살아있는 유일무이한 생명의 책입니다.

"이 예언의 말씀을 읽는 자와 듣는 자들과 그 가운데 기록한 것을 지키는 자들이 복이 있나니 때가 가까움이라"(계 1:3).

2

시조(始祖) 아담의
죄(罪)와 공(功)

"하나님이 가라사대 우리의 형상을 따라 우리의 모양대로 우리가 사람을 만들고 그로 바다의 고기와 공중의 새와 육축과 온 땅과 땅에 기는 모든 것을 다스리게 하자 하시고 하나님이 자기 형상 곧 하나님의 형상대로 사람을 창조하시되 남자와 여자를 창조하시고"(창 1:26-27).

"여호와 하나님이 그 사람을 이끌어 에덴 동산에 두사 그것을 다스리며 지키게 하시고 여호와 하나님이 그 사람에게 명하여 가라사대 동산 각종 나무의 실과는 네가 임의로 먹되 선악을 알게 하는 나무의 실과는 먹지 말라 네가 먹는 날에는 정녕 죽으리라 하시니라"(창 2:15-17).

인류의 조상 아담과 하와는 최초의 사람으로서 하나님과 같이 영생하는 피조물이었습니다. '영생(永生)'이란 말뜻에는 유한적인 인간들이 겪는 육신적, 정신적 고통이라는 것은 전혀 없음은 말할 것도 없고, 상상조차 할 수 없는 평안과 희락으로 영원히 사는 상태를 말하는 것입니다. 에덴동산의 삶은 천국 그 자체의 삶이었습니다. 얼마나 놀라운 영생(永生)입니까! 그런데 불행하게도 아담과 하와는 하나님께서 허락해 주신 영생(永生)의 낙원(樂園)에서 영원한 나락(奈落)으로 떨어지고 말았습니다.

아담 부부의 추락은 곧 모든 인생의 추락이었습니다. 그래서 그런지 불신자들은 두 말 할 것도 없고, 그리스도인들까지도 아담에 관해서 좋은 인상을 가진 사람들이 없는 것 같습니다. 그 점 이해는 하지만 그래도 인류의 조상인데, 어쩌면 그렇게도 냉정할 수 있을까 하는 생각이 들 때가 있습니다.

아담과 하와의 추락

어쩌다가 인류의 조상이며 존경받아야 할 우리들의 조상인 아담과 하와가, 하나님의 형상을 따라 지음 받은 최초의 어른이 영생의 동산에서 추방을 당하고 영영한 멸망으로 떨어지게 되었을까요?

하나님 말씀에 대한 아담과 하와의 경각심 부족

아담과 하와는 최초의 사람이라 그런지 몰라도 부부 사이의 대화가 부족했던 것 같습니다. 아담은 930세의 한 평생을 사셨는데 이 부부의 대화는 딱 한 번 밖에 기록되어 있지 않습니다.

"아담이 가로되 이는 내 뼈 중의 뼈요 살 중의 살이라 이것을 남자에게서 취하였은즉 여자라 칭하리라 하니라"(창 2:23)

그리고 아담과 하와 부부는 하나님 말씀에 대한 경각심이 부족했습니다.

"여호와 하나님이 그 사람에게 명하여 가라사대 동산 각종 나무의 실과는 네가 임의로 먹되 선악을 알게 하는 나무의 실과는 먹지 말라 네가 먹는 날에는 정녕 죽으리라 하시니라"(창 2:16-17).

아담은 하와에게 선악과에 대한 하나님의 경고적인 말씀을 알려주면서 서로 그것을 멀리하자고 주의를 당부했어야 했습니다.
에덴동산에 어느 날 마귀사단이 하와에게 나타났습니다.

"여호와 하나님의 지으신 들짐승 중에 뱀이 가장 간교하더라 뱀이 여자에게 물어 가로되 하나님이 참으로 너희더러 동산 모든 나무의 실과를 먹지 말라 하시더냐 여자가 뱀에게 말하되 동산 나무의 실과를 우리가 먹을 수 있으나 동산 중앙에 있는 나무의 실과는 하나님의 말씀에 너희는 먹지도 말고 만지지도 말라 너희가 죽을까 하노라 하셨느니라 뱀이 여자에게 이르되 너희가 결코 죽지 아니하리라 너희가 그것을 먹는 날에는 너희 눈이 밝아 하나님과 같이 되어 선악을 알 줄을 하나님이 아심이니라 여자가 그 나무를 본즉 먹음직도 하고 보암직도 하고 지혜롭게 할 만큼 탐스럽기도 한 나무인지라 여자가 그 실과를 따먹고 자기와 함께 한 남편에게도 주매 그도 먹은지라"(창 3:1-6).

마귀사단의 유혹에 대처하는 하와의 말을 들어보면 하나님의 경고의 말씀과는 차이가 있는 것을 보게 됩니다. 하와의 대응은 약하기 짝이 없습니다.

"여자가 뱀에게 말하되 동산 나무의 실과를 우리가 먹을 수 있으나 동산 중앙에 있는 나무의 실과는 하나님의 말씀에 너희는 먹지도 말고 만지지도 말라 너희가 죽을까 하노라 하셨느니라"(창 3:2-3).

하나님의 말씀은 단호했습니다.

"선악을 알게하는 나무의 실과는 먹지 말라 네가 먹는 날에는 정녕 죽으리라 하시니라"(창 2:17).

하나님께서 아담에게 선악과에 대한 경고의 말씀을 주셨을 때에는 아직 하와를 만들어 주시기 전이었습니다. 하와는 선악과에 대한 경고 후에 지음을 받았는데 어쩐지 두 사람 사이의 대화도 부족했고, 선악과에 대한 인식도 부족했다는 것을 느낄 수 있습니다. 결국 선악과에 대한 대화와 확신이 약한 아담 부부는 꾐에 넘어가 금단의 선악과를 범하고, 하나님의 영생하는 에덴동산에서 추방되어 추락하는 비참한 인생이 되고 만 것입니다.

"이러므로 한 사람으로 말미암아 죄가 세상에 들어오고 죄로 말미암아 사망이 왔나니 이와 같이 모든 사람이 죄를 지었으므로 사망이 모든 사람에게 이르렀느니라"(롬 5:12).

결국 아담과 하와는 죄의 원조가 되었습니다.

아담의 가정에 일어난 살인사건

아담 부부의 두 번째 추락은 가인과 아벨 두 형제가 하나님께 제사 드리는 과정에서 일어났습니다. 하나님께서 아벨의 제사만 열납하시고, 가인의 제사는 안 받아주시자 순간적으로 질투와 시기심이 폭발, 그만 들판에서 동생 아벨을 쳐 죽인 것입니다.

인류 최초의 불행한 살인사건이 인류의 원조 아담의 가정에서 발생했다는 사실 때문에, 아담 부부에게 그 책임이 있다고 생각하는 사람들이 아담에 대한 인식이 좋을 리 없는 것 같습니다.

'그 넓고 넓은 천지에 오로지 하나밖에 없는 동생을 쳐 죽이다니! 도대체 아담은 자식을 어떻게 가르쳤기에…'

그래서 그리스도인들도 아담에 대해서 좋은 인상을 갖고 있지 않는 것 같습니다.

"분은 잔인하고 노는 창수 같거니와 투기 앞에야 누가 서리요"(잠 27:4)

하여간 인류역사상, 하늘 아래 부모와 형제밖에 없는 세상에서, 불행한 사건이 일어났으니 아담에 대한 후세 사람들의 인식이 좋을 리 없는 것입니다.

아담 부부는 원죄의 장본인

아담의 죄는 역사적인 사실입니다. 신약 성경에는 이 지구상에 존재한 모든 인류에게, 모든 아담의 후손들에게 역사적, 혈통적, 유전적으로 아담의 죄 인자가 유전되고 있음을 기록하고 있습니다.

죄의 근원과 흐름

"이러므로 한 사람으로 말미암아 죄가 세상에 들어오고 죄로 말미암아
사망이 왔나니 이와 같이 모든 사람이 죄를 지었으므로 사망이 모든 사
람에게 이르렀느니라"(롬 5:12).

"의인은 없나니 하나도 없으며"(롬 3:10).

"모든 사람이 죄를 범하였으매 하나님의 영광에 이르지 못하더니"(롬
3:23).

죄와 영생, 두 근원과 흐름

"한 사람의 범죄를 인하여 사망이 그 한 사람으로 말미암아 왕노릇 하
였은즉 더욱 은혜와 의의 선물을 넘치게 받는 자들이 한 분 예수 그리스
도로 말미암아 생명 안에서 왕노릇 하리로다 그런즉 한 범죄로 많은 사
람이 정죄에 이른 것 같이 의의 한 행동으로 말미암아 많은 사람이 의롭
다하심을 받아 생명에 이르렀느니라. 한 사람의 순종치 아니함으로 많은
사람이 죄인 된 것 같이 한 사람의 순종하심으로 많은 사람이 의인이 되
리라"(롬 5:17-19).

아담의 실수는 모든 인간들에게 무서운 영향력을 끼쳤습니다.
아담 한 사람으로 인하여 죄악이 모든 인간들에게 들어왔고, 그 죄
때문에 모든 사람이 정죄되어 멸망케 되었습니다. 그러나 한 사람
예수 그리스도로 인하여 은혜로 말미암는 죄 사함, 즉 구원의 선물
이 그를 믿는 모든 자들에게 미치게 된 것입니다. 이것이 하나님께

서 베풀어 주시는 구원의 복음입니다.

그런데 예수 그리스도의 정 반대되는 비교가 너무 강한 인상을 주기 때문에 이 아담에 대해서는 잘못 오해할 소지가 있다는 것을 말씀 드리지 아니할 수 없습니다. 죄는 아담을 통해서 모든 인간들에게 전이된 것이 사실입니다. 그러나 아담의 원죄 때문에 심판을 받고 지옥에 가게 되었다고 생각하는 것은 옳지 않습니다. 왜냐하면 천하 만민의 죄 문제를, 아담의 원죄와 내 자유의지로 지은 모든 죄까지 이미 2,000년 전에 예수님께서 십자가의 사건을 통해서 다 해결해 주셨기 때문입니다. 그러므로 사람이 하나님의 심판을 받고 영벌을 받게 되는 것은 전적으로 예수 그리스도를 거부한 자신의 죄 때문이지, 아담이나 그 어느 누구의 죄 때문이 아니라는 사실을 아셔야 합니다.

"예수는 우리 범죄함을 위하여 내어줌이 되고 또한 우리를 의롭다 하심을 위하여 살아나셨느니라"(롬 4:25).

"한 사람의 순종치 아니함으로 많은 사람이 죄인된 것 같이 한 사람의 순종하심으로 많은 사람이 의인이 되리라"(롬 5:19).

"하나님이 세상을 이처럼 사랑하사 독생자를 주셨으니 이는 저를 믿는 자마다 멸망치 않고 영생을 얻게 하려 하심이니라"(요 3:16).

다시 말씀드리거니와 사람이 멸망하는 것은 아담 때문이 아니라, 예수 그리스도를 자신의 구주로 믿지 않기 때문이며, 자신의 죄 때문인 것입니다.

"아버지께서 아들을 사랑하사 만물을 다 그 손에 주셨으니 아들을 믿는 자는 영생이 있고 아들을 순종치 아니하는 자는 영생을 보지 못하고 도리어 하나님의 진노가 그 위에 머물러 있느니라"(요 3:35-36).

아담과 하와의 죄를 덮어주심

그러면 아담은 구원을 받았을까요? 아니면 여전히 죄인들의 조상일 뿐일까요?

성경을 보면 구원받지 아니한 사람으로 보기 쉽습니다.

"이러므로 한 사람으로 말미암아 죄가 세상에 들어오고 죄로 말미암아 사망이 왔나니 이와 같이 모든 사람이 죄를 지었으므로 사망이 모든 사람에게 이르렀느니라"(롬 5:12).

"한 사람의 범죄를 인하여 사망이 그 한 사람으로 말미암아 왕노릇 하였은즉 더욱 은혜와 의의 선물을 넘치게 받는 자들이 한 분 예수 그리스도로 말미암아 생명 안에서 왕노릇 하리로다 그런즉 한 범죄로 많은 사람이 정죄에 이른 것 같이 의의 한 행동으로 말미암아 많은 사람이 의롭다 하심을 받아 생명에 이르렀느니라 한 사람의 순종치 아니함으로 많은 사람이 죄인 된 것같이 한 사람의 순종하심으로 많은 사람이 의인이 되리라"(롬 5:17-19).

"아담 안에서 모든 사람이 죽은 것 같이 그리스도 안에서 모든 사람이 삶을 얻으리라"(고전 15:22).

물론 죄가 아담을 통해서 들어온 것은 맞습니다. 그래서 아담은 구원받지 못한 사람으로 오해받을 수 있는 소지가 많습니다. 그러나 아담은 최초의 사람이며, 또한 최초로 구원받은 사람입니다. 뿐만 아니라 위대한 믿음생활을 하신 분입니다.

그러면 아담이 구원을 받았다면 언제 구원을 받았을까요?

물론 성경에 아담의 구원에 관한 명백한 기록은 없습니다. 아담이 생존한 동안의 삶을 자세히 살펴보거나, 성경 전체를 통해서 아담에 대한 기록들을 살펴보는 것 외에 다른 방법이 없을 것입니다. 성경적인 질문은 성경에서 그 해답을 찾아야 합니다. 그런데 성경을 통해서, 특히 로마서를 통해서 아담은 원죄의 시조로서 강하게 부각되어 있기 때문에 의문시하는 경우가 많습니다. 그러나 결론적으로 말해서 아담의 구원은 확실합니다.

아담의 구원은 금단의 선악과를 범한 불행한 사건에서 찾아볼 수 있습니다. 그 선악과는 하나님과 사람 사이의 법과 같은 것인데 불행하게도 하와는 간교한 뱀의 유혹에 선악과를 범했고, 남편에게도 주어 먹게 했습니다. 아담과 하와는 선악과를 범한 죄인들입니다. 그 결과 두 사람의 눈이 밝아졌고, 자신들이 벗은 줄 알게 되어 무화과나무 잎을 엮어 죄를 범한 수치의 몸을 가리고 숨을 수밖에 없었습니다. "네가 어디 있느냐?" 하고 아담을 부르시는 하나님의 음성이 들려왔을 때 그들은 부끄러워하고 두려워했습니다. 죄를 지었기 때문입니다. 그러나 아담은 숨기지 아니하고 이실직고(以實直告)를 했습니다.

하나님께서는 하와를 유혹한 뱀(마귀사단)에게 심히 진노하여 저주하신 후, 낙원에서 추방했습니다. 아담과 하와에게도 진노하셔서 종신토록 수고하며 사는 삶을 명하시고, 영원한 낙원에서 죄인상태로 영생하는 것을 허락지 아니하시고 추방령을 내리셨습니다. 그런데 하나님께서는 아담과 하와 두 사람을 위하여 친히 가죽옷을 지어 입히신 후 추방하셨습니다.

하나님께서 두 사람을 쫓아내실 때 수치의 알몸으로 추방하지 아니하시고 아담과 하와를 위해 친히 가죽옷을 지어 입히신 사실을 깊이 생각해 보아야 합니다. 하나님께서 두 사람의 벗은 몸을 위하여, 죄의 수치를 가려주기 위하여, 친히 짐승의 가죽으로 옷을 만들어 입히신 사실을 보며 바로 여기에서 아담 부부를 위한 구원을 찾아 보아야 합니다.

"여호와 하나님이 아담과 그 아내를 위하여 가죽옷을 지어 입히시니라"(창 3:21).

그 날 아담을 위해 희생된 짐승은 분명 흠도 티도 없는 어린 양임에 틀림없습니다. 그 날 희생된 어린 양은 먼 훗날 예수님의 모형입니다. 이 사건에 그의 모든 후손들을 위한 구원의 메시지가 암시적, 계시적으로 내포되어 있는 것입니다. 중요한 것은 아담 부부가 그 가죽옷을 통해서 하나님의 구원의 뜻을 발견하고 하나님을 경외하는 거룩한 생활을 했다는 사실입니다.

아담의 위대한 믿음의 결실

과연 아담은 실패한 사람일까요? 성공한 사람일까요?

기독교 서점에는 많은 책들이 진열되어 있습니다. 그러나 아담에 관한 책들은 거의 찾아볼 수가 없습니다. 아담은 930세까지 사셨지만 아담을 성공적인 믿음생활을 한 사람으로 인정해주지 않기 때문입니다. 정말 그럴까요?

아담에게도 위대한 믿음의 삶이 있었다는 것을 말씀드리고 싶습니다. 아담은 죄를 범한 인류의 조상일 뿐 믿음에 관해서는 언급할 것이 없다는 생각을 갖고 있는 분들이 있다면 그것은 잘못 되었음을 말씀드리고 싶습니다. 물론, 아담의 에덴동산에서의 추락은 대단히 불행한 사건이었습니다. 변명의 여지가 없습니다. 그러나 그의 믿음은 아들 셋을 낳기 전부터 완전히 변화된 것을 놓쳐서는 안됩니다. 그 근거는 여기에 있습니다.

"아담이 다시 아내와 동침하매 그가 아들을 낳아 그 이름을 셋이라 하였으니 이는 하나님이 내게 가인의 죽인 아벨 대신에 다른 씨를 주셨다 함이며 셋도 아들을 낳고 그 이름을 에노스라 하였으며 그 때에 사람들이 비로소 여호와의 이름을 불렀더라"(창 4:25-26)

창세기 4장 25절부터 5장을 보면 이전과는 완전히 차원이 다른, 새로운 믿음의 세대가 열리게 되는데 성경 66권 중에서 가장 거룩한 세상이 열리게 되는 것을 볼 수 있습니다. 이 창세기 5장에는 노아 홍수 이전의 사람들 중 믿음의 위인들 10분의 이름이 기록되어 있는데 이들은 그 어느 시대에서도 찾아볼 수 없는 위대한 믿음의 거장들이었음을 볼 수 있습니다.

하나님께서는 이들 믿음의 위인들을 축복해 주셔서 이들의 수명을 오래 연장해 주신 것을 볼 수 있습니다. 이들은 평균 800세 이상의 장수를 누렸는데 하나님을 경외하며 하나님과 동행하며 사신 분들을 하나님께서 복을 주신 것입니다. 노아 때에 들어서면서 수명이 단축된 것은 환경적인 요인도 있겠지만 사람들이 점점 타락하기 시작했기 때문입니다.

"여호와께서 가라사대 나의 신이 영원히 사람과 함께 하지 아니하리니 이는 그들이 육체가 됨이라 그러나 그들의 날은 일백 이십 년이 되리라 하시니라"(창 6:3).

그런데 여기서 말씀드리고자 하는 것은 창세기 5장의 믿음의 위인들이 어떻게 탄생할 수 있었을까 하는 것입니다. 그것은 전적으로 아담의 믿음의 결실인 것입니다. 예나 지금이나 믿음은 들음에서 생기는 것입니다.

"그러므로 믿음은 들음에서 나며 들음은 그리스도의 말씀으로 말미암았느니라"(롬 10:17).

전반의 아담은 큰 실수를 했습니다. 그러나 셋을 낳기 전부터의 아담은 변화된 위대한 믿음의 아버지가 되어 930년간 살면서 창세기 5장의 믿음의 조상이 되었던 것입니다. 창세기 3-4장에서의 아담은 부족함이 많았습니다. 그러나 창세기 4장 끝부분과 5장의 아담은 믿음의 조상으로서 성숙하고 위대한 모습을 보여주고 있습니다.

인류 초기 믿음의 조상들의 계보

창세기 5장은 노아 홍수 이전의 믿음의 조상들의 대 계보를 기록해 놓은 최초의 기록으로써 대단히 귀중한 장입니다. 이 창세기 5장에 기록된 위대한 믿음의 대 계보에는 10인이 기록되어 있고, 향수(享壽=장수)를 강조하고 있는데 장수(長壽)는 하나님의 복을 상징합니다.

"내 아들아 나의 법을 잊어버리지 말고 네 마음으로 나의 명령을 지키라 그리하면 그것이 너로 장수하여 많은 해를 누리게 하며 평강을 더하게 하리라"(잠 3:1-2).

"여호와를 경외하면 장수하느니라 그러나 악인의 연세는 짧아지느니라"(잠 10:27).

"내 아들아 내 말에 주의하며 나의 이르는 것에 네 귀를 기울이라 그것을 네 눈에서 떠나게 말며 네 마음 속에 지키라 그것은 얻는 자에게 생명이 되며 그 온 육체의 건강이 됨이니라"(잠 4:20-22).

이 름	향수(享壽)	특기사항
1. 아 담	930세	믿음의 원조
2. 셋	912세	하나님께서 가인이 죽인 아벨 대신 주신 아들

3. 에노스	905세	
4. 게 난	910세	
5. 마할랄렐	895세	
6. 야 렛	962세	
7. 에 녹	365세	하나님과 동행한 삶, 산 채로 천국으로 데려가심
8. 므두셀라	969세	최 장수
9. 라 멕	595세	
10. 노 아	950세	인류 초기의 마지막 의인 · 홍수재앙 경고

아담은 구원받은 사람임은 말할 것도 없거니와 위대한 믿음의 생활을 하였고, 장수하면서 셋을 비롯한 자손들에게 독실한 믿음, 하나님을 경외하는 위대한 믿음을 심어준 제 1대 믿음의 조상이었습니다.

시조 아담의 믿음의 공력

아담의 믿음에 관해서는 성경 어디에서도 자세한 기록을 볼 수 없습니다. 다만 창세기 4장 25-26절의 말씀을 통해서 아담은 하나님과의 사귐을 완전히 회복한 것을 볼 수 있습니다.

"아담이 다시 아내와 동침하매 그가 아들을 낳아 그 이름을 셋이라 하였으니 이는 하나님이 내게 가인의 죽인 아벨 대신에 다른 씨를 주셨다 함이며 셋도 아들을 낳고 그 이름을 에노스라 하였으며 그 때에 사람들이 비로소 여호와의 이름을 불렀더라"(창 4:25-26).

아담은 믿음의 아들 아벨을 비명으로 잃은 후 부부 동침을 피한 것으로 보여집니다. 25절에 "아담이 다시 아내와 동침하매" 하는 표현을 보면 아담은 하나님의 말씀을 듣고 아내와 동침하여 셋을 낳게 된 것입니다. 아벨을 잃은 상처가 얼마나 컸겠습니까!

'주의 이름을 불렀다'고 하는 것은 하나님과 사람 사이에 교제가 트였다는 뜻입니다. 죄의 장벽이 허물어지고 하나님과 사람 사이에 교통이 회복되었다는 뜻입니다. 인생들에게 있어서 하나님과 화목하는 것보다 더 시급하고 고귀한 일은 없습니다. 예수께서 이 세상오신 목적이 바로 그것 때문이었습니다.

"이제는 전에 멀리 있던 너희가 그리스도 예수 안에서 그리스도의 피로 가까와졌느니라 그는 우리의 화평이신지라 둘로 하나를 만드사 중간에 막힌 담을 허시고 원수된 것 곧 의문에 속한 계명의 율법을 자기 육체로 폐하셨으니 이는 이 둘로 자기의 안에서 한 새 사람을 지어 화평하게 하시고 또 십자가로 이 둘을 한 몸으로 하나님과 화목하게 하려 하심이라 원수된 것을 십자가로 소멸하시고 또 오셔서 먼데 있는 너희에게 평안을 전하고 가까운데 있는 자들에게 평안을 전하셨으니 이는 저로 말미암아 우리 둘이 한 성령 안에서 아버지께 나아감을 얻게 하려 하심이라"(엡 2:13-18)

여러분은 예수님을 여러분의 구주로 영접함으로써 하나님과 화목한 사실이 있습니까?

"누구든지 주의 이름을 부르는 자는 구원을 얻으리라 하였느니라"(행 2:21).

하나님을 의지하게 된 배경

가인과 그의 자손들은 하나님께서 "네가 땅에서 저주를 받으리니!" 하고 저주하신 말씀을 떠올리며 불안한 상태로 살았을 것입니다. 가인의 자손들은 저희들끼리도 불화가 끊일 날이 없었습니다.

"씰라는 …… 동철로 각양 날카로운 기계를 만드는 자요"(창 4:22).

씰라가 만드는 각양 날카로운 기계들은 아마도 아담을 불안케 했을 것입니다. 그 밖에도 가인의 자손들은 저희들끼리 싸우고 살인하는 등 죄악의 삶을 살았습니다. 가인과 그의 자손들이 상당히 먼 거리를 두고 아담과 떨어져 살았다 해도 워낙 가인과 그의 자손들은 예측할 수 없는 사람들이었기 때문에 아담은 지난 날의 일들을 떨쳐버리지 못하고 항상 불안해 했을 것입니다. 그래서 아담은 항상 하나님을 찾으며 저들로부터 보호해줄 것을 간구하며 살았을 것입니다.

아담은 위대한 믿음의 시조

창세기 5장에 나오는 위대한 믿음의 10걸은 아담의 직계 자손들입니다. 아담은 930세까지 향수를 누리며 살았습니다. 그런데 시조 아담은 몇 대의 자손들을 보며 살았을까요? 제 짐작으로는 셋에서 노아까지를 2,000년으로 볼 때 적어도 7~8대 이상까지 함께 살았다고 추측됩니다.

그런데 아담은 장수를 하면서 자손들과 어떻게 살았을까요? 아담은 셋을 시작으로 하여 수명이 다할 때까지 자손들에게 하나님을 경외하는 믿음을 심어 주었을 것임에 의심의 여지가 없습니다.

창세기 5장의 10걸 위인들의 믿음은 어느 날 갑자기 생겨난 것이 아닙니다. 옛날이나 오늘이나 믿음은 들음에서 나는 것입니다. 믿음의 10걸들의 믿음은 100% 아담 조상으로부터 들음에서 왔다는 사실을 알아야 합니다.

"믿음은 들음에서 나며 들음은 그리스도의 말씀으로 말미암느니라" (롬 10:17).

이 말씀은 영원한 진리입니다.

믿음의 영걸(英傑)들의 향수(享壽)

'향수(享壽)'라고 하는 말은 오래오래 복되게 살다가 세상을 떠나는 것을 말합니다. 믿음의 영걸들은 보통 900년을 넘게 살다가 천국으로 가셨습니다. 이와 같은 장수의 축복은 온전히 하나님을 경외하는 숭고한 믿음으로 하나님과 동행하는 삶을 살면서 누리게 되는 것입니다. 아담, 셋, 에녹, 노아 등의 믿음을 보십시오. 우리 시대의 믿음으로는 상상도 할 수 없는 위대한 믿음이었습니다. 이 분들의 향수(享壽)는 전적으로 하나님의 축복인 것입니다.

어떤 사람들은 그 때에는 공해가 없어서 장수했다는 말들을 합니다. 물론 일리가 있는 말이지만 창세기 5장의 장수는 무공해보다도 믿음의 사람들이 하나님과 동행하는 거룩한 생활에서 누릴 수 있었던 하나님의 축복이었습니다. 그 시대에는 성경도 없고, 교회도 없고, 목사도 없는 시대였는데 어떻게 그렇게 위대한 믿음의 거룩한 삶이 가능했을까요? 그것은 시조(始祖) 아담의 경험적 증언과 하나님을 향한 그의 믿음의 영향력 때문이라고 할 수 있겠습니다.

옛날 모세는 지금부터 약 3,500년 전의 사람입니다. 하나님께서 이스라엘 민족을 애굽의 종살이에서 해방하여 가나안땅으로 인도하시는 과정에서 쓰신 위대한 종이었습니다. 그는 시편 90편 10절에서 "우리의 연수는 70이요, 강건하면 80이라도 그 연수의 자랑은 수고와 슬픔뿐이요, 신속히 가니 우리가 날아가나이다"라고 말했습니다. 노아 홍수 이후 인간들의 평균 수명이 마치 하늘에서 뚝 떨어진 것 같이 추락했다고 볼 수 있는데, 그것은 노아 홍수 이후 인간들의 믿음이 그토록 추락했다는 뜻으로 해석해도 무리가 아닐 것입니다.

우리 그리스도인들은 바른 믿음의 자세를 가지고 살아야 합니다. 비록 인생 70이요, 강건하면 80이라고 해도 수명의 양보다는 삶의 질인 믿음생활에 초점을 두고 하나님께서 기뻐하시는 생활을 해야 하겠습니다. 그리하면 장수의 복을 누리며 살게 될 것입니다.

"내 아들아 나의 법을 잊어버리지 말고 네 마음으로 나의 명령을 지키라 그리하면 너로 장수하여 많은 해를 누리게 하며 평강을 더하게 하리라"(잠 3:1-2).

"하나님을 경외하면 장수하느니라"(잠 10:27).

중요한 것은 아담과 셋 등 인류 초기 믿음의 시조들은 구별된 거룩한 믿음의 삶을 통해서 자기들의 세상을 2,000년 동안이나 지상 천국으로 만들어서 하나님께 영광을 돌려드렸다는 사실입니다. 그러나 그 후 노아 때에 접어들면서 세상 사람들과 혼합되어 세상 죄악에 물들면서 그만 하나님의 진노를 받아 홍수의 재앙으로 멸망을 당했습니다. 믿는 자들의 자손이 거룩한 생활에 힘쓰지 아니하고 무분별한 삶을 살았기 때문입니다. 항상 하나님을 경외하는 구별된 삶을 사는 믿음의 자녀들이 되어야 하겠습니다.

"너희는 믿지 않는 자와 멍에를 같이 하지 말라 의와 불법이 어찌 함께 하며 빛과 어두움이 어찌 사귀며 그리스도와 벨리알이 어찌 조화되며 믿는 자와 믿지 않는 자가 어찌 상관하며 하나님의 성전과 우상이 어찌 일치가 되리요 우리는 살아계신 하나님의 성전이라 이와 같이 하나님께서 가라사대 내가 저희 가운데 거하며 두루 행하여 나는 저희 하나님이 되고 저희는 나의 백성이 되리라 하셨느니라 그러므로 주께서 말씀하시기를 너희는 저희 중에서 나와서 따로 있고 부정한 것을 만지지 말라 내가 너희를 영접하여 너희에게 아버지가 되고 너희는 내게 자녀가 되리라 전능하신 주의 말씀이니라 하셨느니라"(고후 6:14-18).

3
예수 그리스도의 부활

"예수께서 가라사대 나는 부활이요 생명이니 나를 믿는 자는 죽어도 살겠고 무릇 살아서 나를 믿는 자는 영원히 죽지 아니하리니 이것을 네가 믿느냐"(요 11:25-26).

　"예수께서 가라사대 여자여 어찌하여 울며 누구를 찾느냐 하시니 마리아는 그가 동산지기인 줄로 알고 가로되 주여 당신이 옮겨 갔거든 어디 두었는지 내게 이르소서 그리하면 내가 가져가리이다 예수께서 마리아야 하시거늘 마리아가 돌이켜 히브리 말로 랍오니여 하니 (이는 선생님이라) 예수께서 이르시되 나를 만지지 말라 내가 아직 아버지께로 올라가지 못하였노라 너는 내 형제들에게 가서 이르되 내가 내 아버지 곧 너희 아버지 내 하나님 곧 너희 하나님께로 올라간다 하라 하신대"(요 20:15-17).

기원전 586년, 바벨론제국의 침략을 받고 유대나라의 예루살렘성은 무참하게 파괴되었습니다. 무자비한 살상으로 도성의 성민들은 사정없이 살해되어 거리에 널브러졌고, 많은 젊은 사람들은 포로로 잡혀 끌려가게 되었는데 이것이 유다왕조의 멸망이었습니다. 이런 와중에 에스겔 선지자는 하나님의 말씀을 받아 놀라운 예언을 했습니다. 그 예언이 에스겔서 37장입니다.

　"그가 내게 이르시되 인자야 이 뼈들이 능히 살겠느냐 하시기로 내가 대답하되 주 여호와여 주께서 아시나이다 또 내게 이르시되 너는 이 모든 뼈에게 대언하여 이르기를 너희 마른 뼈들아 여호와의 말씀을 들을지어다 주 여호와께서 이 뼈들에게 말씀하시기를 내가 생기로 너희에게 들어가게 하리니 너희가 살리라 너희 위에 힘줄을 두고 살을 입히고 가죽으로 덮고 너희 속에 생기를 두리니 너희가 살리라 또 나를 여호와인줄 알리라 하셨다 하라"(겔 37:3-6).

　이 말씀은 유다민족의 소생(蘇生)과 부활(復活)을 예언하신 말씀이었습니다. 유대인들의 부활 개념은 여기에서 생겨난 것입니다. 교회시대의 부활하고는 상당한 차이가 있는 부활의 개념입니다.
　그러면 부활의 개념과 예수님의 부활에 대하여 알아보겠습니다.

첫째, 육신의 부활

　"예수께서 가라사대 나는 부활이요 생명이니 나를 믿는 자는 죽어도 살겠고 무릇 살아서 나를 믿는 자는 영원히 죽지 아니하리니 이것을 네가 믿느냐"(요 11:25-26).

예수께서 믿는 자들에게는 영생하는 부활이 있다는 것을 온 천하에 선포하신 것은 마르다의 죽은 오라비 나사로를 문상하기 위해서 모인 동네 사람들 앞에서였습니다.

그 때 예수께서는 당신을 믿는 자들은 죽어도 살겠고, 살아서 믿는 자는 영원히 죽지 아니한다고 외치다시피 말씀을 하셨는데도 어느 누구 하나 기뻐하면서 환호하는 사람이 없었습니다. 오히려 나사로의 누이 마르다는 예수님 앞에 엎드려 "주께서 여기 계셨더라면 내 오라비가 죽지 아니 하였겠나이다!" 하고 슬피우니 동네 유대인들까지 모두 우는 것이었습니다. 이 광경을 보신 예수님께서 통분히 여기시고 민망히 여기시면서 "그를 어디에 두었느냐?" 하고 무덤으로 가셨는데 35절에 예수께서 눈물을 흘리셨다고 기록되어 있습니다. '심령에 통분히 여기시고' 하는 말씀은 예수님의 생애에서 가장 큰 감정의 표출로 보기 쉬운데 이 부분은 바르게 해석을 해야 합니다. '심령에 통분' 이란 '영으로 신음하시며 괴로워하심' 이라는 뜻입니다.

예수님께서 나사로의 무덤 앞에 섰을 때 마르다가 "죽은 지 나흘이나 되어서 냄새가 납니다"라고 말했을 때 예수님께서는 "네가 믿으면 하나님의 영광을 보리라!" 하고 말씀하신 후 아버지께 기도하시고 "나사로야 나오너라!" 큰 소리로 외치시니 염을 한 상태인 시체 나사로가 살아서 나오는 것이 아니겠습니까. 주님의 권능을 찬양합시다! 나사로는 부활했습니다. 그러나 나사로의 부활은 단지 육신의 부활이었습니다. 성경에 보면 예수께서 죽은 자 세 사람(나사로, 나인성 과부의 아들, 회당장 야이로의 딸)을 다시 살리셨는데 그것은 육신을 다시 살려 주신 것입니다. 이들 세 사람은 한 평생 살다가 또 다시 죽었습니다. 그러나 예수께서 말씀하신 부활은 영원히 사는 부활을 말씀하신 것입니다.

둘째, 영영 죽지 않는 육신부활

육신의 부활은 나사로와 같이 죽음에서 다시 부활한 것은 맞지만 반드시 다시 죽기 마련입니다. 지금 이 세상 사람들을 보면, 몇 년 동안의 생명 연장을 위해서도 얼마나 갈망을 하는지요. 물론 건강하게 장수한다는 것은 좋은 일이지요.

그런데 영원히 죽지 않는 부활이 있음을 아시는지요?

성경을 잘 보면 죽으려고 해도 죽을 수 없는 육신의 부활이 있음이 기록되어 있습니다. 물론 영생하는, 행복한 부활이라면 그곳은 바로 천국이지요. 천국이 아닌 괴롭고 고통스런 곳에서 100년, 1,000년, 아니 끝도 없이 죽지도 않는 이 육신으로 고통중에 존재해야 한다면 그곳이야말로 지옥이 아니겠습니까. 그렇습니다. 그곳이 바로 지옥입니다. 하나님의 심판으로 영벌을 받게 된 자들이 영원히 죽을 수 없는 그곳에서 영영한 부활을 한다고 하나님의 말씀에 기록되어 있습니다.

"또 왼편에 있는 자들에게 이르시되 저주를 받은 자들아 나를 떠나 마귀와 그 사자들을 위하여 예비된 영영한 불에 들어가라"(마 25:41).

"또 인자됨을 인하여 심판하는 권세를 주셨느니라 이를 기이히 여기지 말라 무덤 속에 있는 자가 다 그의 음성을 들을 때가 오나니 선한 일을 행한 자는 생명의 부활로 악한 일을 행한 자는 심판의 부활로 나오리라"

(요 5:27-29).

"저희의 기다리는 바 하나님께 향한 소망을 나도 가졌으니 곧 의인과 악인의 부활이 있으리라 함이라"(행 24:15).

"또 내가 크고 흰 보좌와 그 위에 앉으신 자를 보니 땅과 하늘이 그 앞에서 피하여 간데 없더라 또 내가 보니 죽은 자들이 무론대소하고 그 보좌 앞에 섰는데 책들이 펴 있고 또 다른 책이 펴졌으니 곧 생명책이라 죽은 자들이 자기 행위를 따라 책들에 기록된 대로 심판을 받으니 바다가 그 가운데서 죽은 자들을 내어 주고 또 사망과 음부도 그 가운데서 죽은 자들을 내어주매 각 사람이 자기의 행위대로 심판을 받고 사망과 음부도 불못에 던지우니 이것은 둘째 사망 곧 불못이라 누구든지 생명책에 기록되지 못한 자는 불못에 던지우더라"(계 20:11-15).

셋째, 예수님의 부활
영광스러운 우리 주님의 부활은 어떤 부활이었을까요?

"예수께서 가라사되 나는 부활이요, 생명이니 나를 믿는 자는 죽어도 살겠고 무릇 살아서 나를 믿는 자는 영원히 죽지 아니하리니 이것을 네가 믿느냐"(요 11:25-26).

예수께서 말씀하신 것을 잘 생각하면서 들어야 합니다.

예수님은 부활의 주관자

⑴ 예수님의 부활은 영원한 생명의 부활이며, 영원히 영생하는 부활입니다.

⑵ 예수님은 부활의 주님이십니다. "나를 믿는 자는", "나를 믿는 자는" 하고 두 번씩이나 말씀하시면서 당신을 믿는 자들에게 부활하는 권능을 친히 선물로 주신다고 말씀하고 있습니다.

⑶ 예수님은 부활의 첫 열매가 되시는 분입니다. 나사로의 부활은 영생하는 부활이 아닌, 병들어 죽은 몸을 다시 살려 주신 것입니다.

부활한 신체의 신비한 기능

구원 받은 모든 성도들은 언젠가는 부활하게 될 것이고, 부활한 몸이 어떤 몸인지 경험하게 되겠지만 우선 부활하신 예수님을 잘 살펴보면 부활한 몸이 어떤 몸인지 알 수 있습니다.

⑴ 부활하신 예수님이 몸은 흠도 티도 없는 신령한 몸, 천사와 같이 영생하는 몸이었습니다.

"예수께서 이르시되 나를 만지지 말라 내가 아직 아버지께로 올라가지 못하였노라 너는 내 형제들에게 가서 이르되 내가 내 아버지 곧 너희 아버지 내 하나님 곧 너희 하나님께로 올라간다 하라 하신대"(요 20:17).

⑵ 부활하신 예수님의 몸은 시(時), 공(空), 사물(事物) 등을 완전히 초월하는 몸이었습니다.

"엿새 후에 예수께서 베드로와 야고보와 그 형제 요한을 데리시고 따로 높은 산에 올라가셨더니 저희 앞에서 변형되사 그 얼굴이 해 같이 빛나며 옷이 빛과 같이 희어졌더라 때에 모세와 엘리야가 예수로 더불어 말씀하는 것이 저희에게 보이거늘 베드로가 예수께 여짜와 가로되 주여 우리가 여기 있는 것이 좋사오니 주께서 만일 원하시면 내가 여기서 초막 셋을 짓되 하나는 주를 위하여, 하나는 모세를 위하여, 하나는 엘리야를 위하여 하리이다 말할 때에 홀연히 빛난 구름이 저희를 덮으며 구름 속에서 소리가 나서 가로되 이는 내 사랑하는 아들이요 내 기뻐하는 자니 너희는 저의 말을 들으라 하는지라 제자들이 듣고 엎드리어 심히 두려워하니 예수께서 나아와 저희에게 손을 대시며 가라사대 일어나라 두려워 말라 하신대 제자들이 눈을 들고 보매 오직 예수 외에는 아무도 보이지 아니하더라"(마 17:1-8).

예수님께서는 부활 후 예루살렘과 갈릴리를 순식간에 오가셨고, 부활 후 40일쯤 되어 감람산에서 제자들과 500여 사람들이 지켜보는 가운데 승천하셨는데 눈 깜박할 순간에 하늘위로 사라지신 것을 볼 수 있습니다. 재림하실 때도 같은 모습으로 오실 것입니다.

"이 말씀을 마치시고 저희 보는 데서 올리워 가시니 구름이 저를 가리워 보이지 않게 하더라 올라가실 때에 제자들이 자세히 하늘을 쳐다 보고 있는데 흰 옷 입은 두 사람이 저희 곁에 서서 가로되 갈릴리 사람들아 어찌하여 서서 하늘을 쳐다보느냐 너희 가운데서 하늘로 올리우신 이 예수는 하늘로 가심을 본 그대로 오시리라 하였느니라"(행 1:9-11)

지구에서 천국이 얼마나 먼지 아무도 모르겠지만 제가 믿기에는 순식간에 가게 될 것입니다. 신령한 몸으로 부활하는 성도들만이 천국에서 하나님을 뵈올 수 있습니다. 이것이 가장 큰 구원의 은혜요, 하나님의 선물입니다.

넷째, 성도들의 부활

성도들의 부활은 예수님께서 재림을 하셔야 실현이 될 것입니다. 예수님의 재림은 공중재림을 이야기하는 것인데 그날이 언제인지는 구원받은 성도들이라도 알 수가 없습니다. 근접하게 어느 정도 짐작할 수 있을지는 모르지만 정확한 날과 시를 아는 사람은 한 사람도 없습니다. 때와 기한은 하나님 아버지의 권한에 있기 때문입니다.

"가라사대 때와 기한은 아버지께서 자기의 권한에 두셨으니 너희의 알바 아니요"(행 1:7).

성도들이 어느 정도 알 수 있는 방법이 있다면 그것은 성경을 자세히 읽으면서 말세의 징조에 관한 예언들을 먼저 마음에 간직하고, 이 세상에서 일어나는 일들을 살피면서 이 때가 어느 때쯤 되었는지를 스스로 파악하는 것입니다. 그러나 그 보다 더 중요한 것은 예수님이 언제 오셔도 부끄럽지 않게 뵐 수 있는 경성한 믿음을 가지고 사는 것입니다. 항상 기도하며 말씀에 순종하면서 복음전도와 영혼구령에 힘쓰는 생활이야말로 예수님께서 기뻐하시는 성도들의 생활입니다. 그리고 중요한 것은 예수님께서 재림하실 때에 하나님의 나팔소리와 공중에서 성도들에게 호령하시는 그 음성을 들을 수 있는 구원의 확신이 있느냐는 것입니다.

"이는 우리 복음이 말로만 너희에게 이른 것이 아니라 오직 능력과 성령과 큰 확신으로 된 것이니 우리가 너희 가운데서 너희를 위하여 어떠한 사람이 된 것은 너희 아는 바와 같으니라"(살전 1:5).
"믿음의 결국 곧 영혼의 구원을 받음이라"(벧전 1:9).

이와 같은 확신이 없다면 이 시간 예수님을 자신의 구주로 영접하고 구원받으시기 바랍니다.

"사람이 만일 온 천하를 얻고도 제 목숨을 잃으면 무엇이 유익하리요 사람이 무엇을 주고 제 목숨을 바꾸겠느냐"(마 16:26).
"네가 만일 네 입으로 예수를 주로 시인하며 또 하나님께서 그를 죽은 자 가운데서 살리신 것을 네 마음에 믿으면 구원을 얻으리니 사람이 마음으로 믿어 의에 이르고 입으로 시인하여 구원에 이르느니라"(롬 10:9-10).
"누구든지 주의 이름을 부르는 자는 구원을 얻으리라"(롬 10:13).

4

새 노래로 주를
찬양하자

"너희 의인들아 여호와를 즐거워하라 찬송은 정직한 자의 마땅히 할 바로다 수금으로 여호와께 감사하고 열 줄 비파로 찬송할지어다 새 노래로 그를 노래하며 즐거운 소리로 공교히 연주할지어다 여호와의 말씀은 정직하며 그 행사는 다 진실하시도다 저는 정의와 공의를 사랑하심이여 세상에 여호와의 인자하심이 충만하도다"(시편 33:1-5).

시편(詩篇)에는 하나님을 찬양하는 150편의 장엄하고도 아름다우며, 애절한 시들이 수록되어 있습니다. 시편은 필자를 알 수 있는 5명의 기자와 작가 미상의 기자들에 의해서 기록된 것을 볼 수 있습니다.

다 윗	73편
고 라	11편
아 삽	11편
솔로몬	2 편
모 세	1 편
5명	98편

나머지 52편은 작자불명. 하지만 내용으로 보아 그 시들 중 대부분이 다윗왕의 시들로 보여집니다. 어떻게 알 수 있는가 하면 다윗은 다른 시편 기자들과 비교해서 그의 생애가 완전히 구별되는 사람이기 때문입니다. 예를 들면 다윗은 특별히 노래 부르는 것을 좋아했고, 둘째로는 믿음의 사람이었으며, 셋째로는 하나님을 경외한 이스라엘의 왕이었고, 넷째로는 사울왕으로부터 시기와 질투에서 비롯된 살기등등한 위협을 다년간 받았으며, 다섯째로는 무용이 탁월한 사람이었습니다. 그리고 무엇보다도 다윗왕은 믿음의 사람으로서 한 평생 하나님을 영화롭게 한 위대한 사람이었고, 하나님 또한 인류역사상 전무후무한 은총을 그에게 베풀어 주셨습니다.

"다윗을 왕으로 세우시고 증거하여 가라사대 내가 이새의 아들 다윗을 만나니 내 마음에 합한 사람이라 내 뜻을 다 이루게 하리라 하시더니 하나님이 약속하신 대로 이 사람의 씨에서 이스라엘을 위하여 구주를 세우셨으니 곧 예수라"(행 13:22-23).

다윗왕은 믿음이 아름다운 사람이었습니다. 시편 150편 중에 '다윗의 시'라고 기록된 것은 73편이지만, 이름이 밝혀지지 아니한 시들 중에서도 다윗왕의 믿음의 향기가 물씬 풍겨지는 시들을 많이 발견하게 됩니다. 시편 전체를 통해서 감동을 받게 되는 것은 다윗왕의 시들이 압도적으로 많기 때문입니다. 시편을 대표하는 시인은 두말 할 것 없이 다윗입니다.

메시아의 시

시편을 다른 말로 호칭한다면 '메시아의 시'라고 해야 할 것입니다. 왜냐하면 시편은 주로 다윗왕을 통해서 장차 이 세상에 오실 메시아에 관한 시들이 그 주류를 이루고 있기 때문입니다. 어느 성경 서문에 보면 시편에는 메시아에 관한 직접적인 예언이 100번 이상, 간접적인 예언은 300번 이상 된다고 밝히고 있습니다. 굳이 그런 설명을 인용치 아니해도 신약성경을 유념해서 읽어보면 관주란에 시편에서 인용한 관주들이 많다는 것을 보게 됩니다. 그래서 필자는 "시편은 구약중의 신약이다"라고 말하기도 합니다.

예수께서는 구약성경을 들고 이렇게 말씀하셨습니다.

"너희가 성경에서 영생을 얻는 줄 생각하고 성경을 상고하거니와 이 성경이 곧 내게 대하여 증거하는 것이로다"(요 5:39).

필자가 보기에는 예언에 관한 분량으로 볼 때 시편만큼 예수님에 관한 예언이 많이 기록된 곳은 없다고 봅니다. 그래서 시편을 '메시아의 시'라고 말하는 것이 아니겠습니까.

'여호와' 번역 유감

시편을 일명 '메시아의 시'라고 말하지만 '우리나라의 구약성경'을 가지고는 '메시아의 시'라고 부를 수 없을 것 같습니다. 왜냐하면 우리의 구약성경은 '주(主)'를 '여호와'라는 성호(聖號)로 잘못 번역했기 때문입니다. 그러므로 '여호와의 시'라고 표현할 수밖에 없겠지요. 시편 한 편에 1회씩이라고 하면 150회요, 2회씩이라고 하면 300회가 됩니다. 평균 한 편에 5회씩이라고 하면 750회입니다. 사실은 1천회도 넘습니다. 그런데 이것은 다른 외국어 성경에서는 결코 볼 수 없는 현상입니다. '여호와'라고 하는 지극히 거룩하신 성호(聖號)를 감히 함부로 쓸 수 없기 때문입니다.

그런데 유독 우리나라의 구약성경에만 '여호와'라는 성호로 번역되어 있기 때문에 때로 외국어 성경을 함께 읽는 사람들은 묘한 차이를 느끼곤 합니다. 외국어 성경에는 한결같이 'Lord' 즉 '주(主)'로 번역되어 있습니다. '주(主)'로 번역한 것이 바른 번역입니다. '주(主)'로 번역이 되어야 '메시아의 시'라는 시편의 다른 호칭과도 어울리게 되는 것입니다. 시편에 기록되어 있는 '여호와'의 이름을 '주'로 고쳐서 한 번 읽어 보시기 바랍니다. 시편의 느낌이 확 달라지는 것을 느끼게 될 것입니다. 시편 어디에서나 우리의 주님, 우리의 구주를 만나게 될 것입니다. 여호와라는 이름은 감히 함부로 부를 수 없는 하나님의 이름입니다. 이런 이유에서 신약에는 단 1회도 나오지 않습니다. 예수님도, 사도 바울도, 어느 신약서의 기자도 성호를 쓴 일이 없습니다. 비록 구원받은 성도들이라도 하나님의 거룩하신 성호를 부르기에 감당할 수 없기 때문입니다. 그러나 하나님의 자녀들이 부르기에 합당한 아름답고 거룩한 이름이 있으니 '예수', '예수 그리스도', '하나님', '주님' 입니다. 성호 자체가 구원의 복음이기도 하니까요!

"아들을 낳으리니 이름을 예수라 하라 이는 그가 자기 백성을 저희 죄에서 구원할 자이심이라 하니라"(마 1:21).

시편을 통해서 예수님을 만나세요

시편 중에는 장차 만인의 구주로 이 세상에 오실 우리 주님에 관한 예언들이 가득찬 것을 볼 수 있습니다. 이미 앞에서 말씀드린 바와 같이 수백 회, 어떤 예언은 길게, 어떤 예언은 짧게 기록되어 있는 것을 볼 수 있습니다. 예수님에 관한 예언도 장차 이 세상에 만인의 구주로 오셔서 감당하게 될 많은 일들을 예언하고 있기 때문에 깊이 읽어보아야 합니다.

우리들은 말세지말(末世之末)에 태어나서 예수 그리스도를 우리의 구주로 영접하고 약 3천년 전에 기록하신 시편을 읽고 있는데, 사실은 시편의 예언들이 거의 다 성취된 상황입니다. 말하자면 시편을 이해하기가 쉽다는 말입니다. 그래서 신약을 깊이 읽고 시편을 읽거나 공부를 하면 깨닫는 것이 많기 때문에 즐거움은 말할 것도 없고 큰 복을 받게 되는 것입니다. 다양한 모습의 예수님에 관한 시편의 예언들을 통해서 우리의 주님을 발견한다는 것은 다이아몬

드 광(鑛)에서 다이아몬드를 발견하는 기쁨과 같다고 하면 지나친 표현일까요.

예수께서 이 세상에 오셨을 때 이렇게 말씀하셨습니다.

"너희가 성경에서 영생을 얻는 줄 생각하고 성경을 상고하거니와 이 성경이 곧 내게 대하여 증거하는 것이로다"(요 5:39).

이 시편에 예수 그리스도를 통해서 받을 수 있는 많은 은혜들이 가득 채워져 있다는 사실을 잊지 마시기 바랍니다. 무엇보다도 시편을 통해서 하나님께 간절히 기도하는 법(기도의 삶)을 배울 수 있다면 시편을 가장 잘 읽었다고 할 수 있을 것입니다.

- 시편은 예수님에 관한 예언인 동시에 기도의 시들입니다.
- 시편을 바르게 읽고 복을 받았다면 기도하는 삶을 배워야 합니다.
- 시편을 통해서 하나님께로 향하는 예수님의 기도를 배우시기 바랍니다.
- 시편을 통해서 하나님의 특별하신 은총을 입게 된 다윗왕의 믿음과 기도를 배워야 합니다.

새 노래로 주를 찬양하자

시편에는 '새 노래'라는 매력적인 말이 나옵니다. 시편에 '새 노래'라는 말이 여섯 번 기록되어 있는데 하나님께 대한 찬양에 관심을 가진 성도라면 누구나 다 '새 노래'로 하나님을 찬양하고 싶을 것입니다.

'새 노래'라는 신선한 말이 여섯 번이나 기록되어 있는 강조성, 당연성을 간과할 수 없습니다(시편 33:3, 40:3, 96:1, 98:1, 144:9, 149:1 참고). 그런데 '새 노래'와 관련이 있는 시편의 내용들을 보면 장차 오실 메시아에 대한 예언의 시들인 것을 볼 수가 있습니다.

예를 들면

- 시편 33:3   영송(詠頌)
- 시편 32:1-5   회개와 용서
- 시편 40:3, 6-10   예수님에 대한 예언
- 시편 96:1, 10-13   만왕의 왕, 예수님에 의한 통치를 찬양
- 시편 98:1, 9   주님의 심판은 의로우시고 공평하시다
- 시편 144:9, 1, 15 주는 구원을 베푸시고 풍성한 복을 주신다
- 시편 149편   주는 모든 성도들의 회중에서 찬양 받으시
                       기에 합당하시다

시편에서 다윗왕이 '새 노래'로 찬송을 부르자고 한 것은 장차 오실 메시아, 곧 우리 주 예수 그리스도를 찬송하자고 한 것입니다. 구약시대의 한 예언자로서 이렇게 정확하게, 이렇게 다양하게, 메시아에 관하여 예언을 한 것도 놀랍지만 열정을 가지고 우리 주님을 '새 노래'로 찬송하자고 한 다윗왕은 후세 성도들에게 큰 감동을 안겨 주고 있습니다. 뿐만 아니라 하나님께 대한 찬송의 근거는 우리 주님께서 성취하신 십자가의 사건이 '새 노래'의 근거란 사실도 가르쳐 주고 있습니다.

새 노래와 고가(古歌)를 혼돈하지 말자

새 노래와 시편의 노래를 혼돈하지 말아야 합니다. 새 노래와 시편은 별개입니다. 많은 사람들이 시편의 시들에 곡을 만들어서 그것으로 하나님을 찬송해야 한다는 잘못된 인식을 하고 있는 경우가 많습니다. 그래서 시편에 곡을 붙여서 부르는 시편 고가(古歌)들이 많이 나왔습니다. 시편은 3천 년 전의 노래들입니다.

옛날 다윗왕이 말한 새 노래들은 장차 이 세상에 만인의 구주로 오셔서 십자가의 사건을 통해서 성취하실 구원과 그리고 구주이신 예수님을 찬미하는 노래를 두고 하신 말씀이었습니다. 예수께서 부활 승천하신 후 성령께서 강림하시고 교회시대로 진입하면서 성삼위 하나님께 예배를 드리게 된 것입니다.

"아버지께 참으로 예배하는 자들은 신령과 진정으로 예배할 때가 오나니 곧 이 때라 아버지께서는 이렇게 자기에게 예배하는 자들을 찾으시느니라 하나님은 영이시니 예배하는 자가 신령과 진정으로 예배할지니라" (요 4:23-24).

"그런즉 형제들아 어찌할꼬 너희가 모일 때에 각각 찬송시도 있으며 가르치는 말씀도 있으며 계시도 있으며 방언도 있으며 통역함도 있나니 모든 것을 덕을 세우기 위하여 하라"(고전 14:26).

이와 같은 말씀들을 근거로 해서 오늘날 하나님께 드리는 예배의 형태가 갖추어지게 된 것입니다. 신령과 진리의 예배에 찬송을 더해서 드리게 된 것입니다. 새 노래와 시편의 노래, 즉 예언의 시대의 노래를 혼돈하면 안 됩니다.

불러서는 안 된다는 것이 아닙니다. 새 노래와 고가(古歌), 즉 시편은 구별되어야 한다는 것입니다. 현재 우리들이 살고 있는 이 시대는 예수님의 재림이 매우 임박한 시대입니다. 그래서 할 수만 있다면 현재와 미래지향적인 찬송을 부르는 것이 심령을 일깨우는 신선한 찬양이 될 것입니다.

그리고 '경배'와 '예배'에도 차이가 있음을 말씀드리고 싶습니다.

한국의 성경에는 '경배'와 '예배' 두 단어로 하나님께 대해 의례(儀禮) 드리는 것을 표현하고 있는데, '경배'는 무릎을 꿇고 엎드려 절하는 것을 말하는 것이고, '예배'는 신령과 진리로, 몸을 굽히는 대신 마음과 정성을 다하여 심령으로 드리는 것을 말하는 것입니다. 오늘날 일반적으로 교회들이 드리는 것은 '예배'입니다. 경배와 예배는 구약시대와 신약교회시대의 차이라고 할 수 있겠습니다. 경배와 예배는 하나님을 향한 최상의 의례이지만 표현방법은 행동과 심령에 차이가 있는 것입니다. 구약시대가 아닌 교회시대에는 이미 예수께서 구원을 성취하셨을 뿐만 아니라, 성령님께서 예배를 인도하시기 위해서 강림하신지 2천년이 지났습니다. 그리고 우리들은 완성된 성경을 가지고 있습니다. 그러므로 예배의 본질은 성령님과 성경입니다. 찬송은 예배에 합당한 찬송을 선택하면 되는 것입니다.

"오라 우리가 굽혀 경배하며 우리를 지으신 여호와 앞에 무릎을 꿇자" (시 95:6).

구약시대의 경배 방식은 이제 지났습니다. 예수님께서 다시 오시는 그날까지는 성령과 진리와 함께 예배를 드려야 합니다.

"아버지께 참으로 예배하는 자들은 신령과 진정으로 예배할 때가 오나니 곧 이 때라 아버지께서는 이렇게 자기에게 예배하는 자들을 찾으시느니라 하나님은 영이시니 예배하는 자가 신령과 진정으로 예배할지니라"(요 4:23-24).

따라서 찬송도 교회시대와 맞는 찬송을 부르면서 하나님께 찬양과 영광을 돌려드려야 하는 것입니다. 우리 주 예수 그리스도, 다시 오실 주님을 찬양합시다.

"이러므로 우리가 예수로 말미암아 항상 찬미의 제사를 하나님께 드리자 이는 그 이름을 증거하는 입술의 열매니라"(히 13:15).

2부

말세의 예언과 징조
그리고 그 후

1
말세의 징조들에 관해서

"예루살렘아 예루살렘아 선지자들을 죽이고 네게 파송된 자들을 돌로 치는 자여 암탉이 그 새끼를 날개 아래 모음 같이 내가 네 자녀를 모으려 한 일이 몇번이냐 그러나 너희가 원치 아니하였도다"(마 23:37).

"예수께서 성전에서 나와서 가실 때에 제자들이 성전 건물들을 가리켜 보이려고 나아오니 대답하여 가라사대 너희가 이 모든 것을 보지 못하느냐 내가 진실로 너희에게 이르노니 돌 하나도 돌 위에 남지 않고 다 무너뜨리우리라 예수께서 감람산 위에 앉으셨을 때에 제자들이 종용히 와서 가로되 우리에게 이르소서 어느 때에 이런 일이 있겠사오며 또 주의 임하심과 세상 끝에는 무슨 징조가 있사오리이까"(마 24:1-3).

세상 종말에 관한 예언들은 성경 전반에 걸쳐서 부분적으로 길게, 또는 짧게 기록되어 있는 것을 보게 됩니다. 가장 길게 예언된 것이 요한계시록입니다. 요한계시록에서는 예수님께서 공중재림하신 후부터 일어나게 될 일들에 관해 매우 자세하게 기록되어 있는 것을 볼 수 있습니다.

요한계시록 1-3장에서는 예수께서 강림하시면 교회들을 심판하신다는 것을 예언하셨고, 6-18장에서는 대환난 중에 쏟아질 여러 가지 재앙들을 예언하셨으며, 19-22장에서는 예수께서 강림하셔서 만주의 주, 만왕의 왕으로서 친히 온 세상과 천하 만물들을 주관하시며 심판하시게 될 것을 예언하고 있습니다.

그 다음으로 많은 분량의 예언들이 자세하게 기록되어 있는 곳이 마태복음 24장, 25장입니다. 마태복음 24장의 말세에 관한 예언들은 이스라엘 백성들의 종말을 예언하면서 동시에 세상 종말을 예언한 이중적인 예언인 것을 볼 수 있습니다.

세상 종말의 표징들

징조 1. 성전의 파괴

"예수께서 성전에서 나와서 가실 때에 제자들이 성전 건물들을 가리켜 보이려고 나아오니 대답하여 가라사대 너희가 이 모든 것을 보지 못하느냐 내가 진실로 너희에게 이르노니 돌 하나도 돌 위에 남지 않고 다 무너뜨리우리라 예수께서 감람산 위에 앉으셨을 때에 제자들이 종용히 와서 가로되 우리에게 이르소서 어느 때에 이런 일이 있겠사오며 또 주의 임하심과 세상 끝에는 무슨 징조가 있사오리이까"(마 24:1-3).

예수께서는 하나님의 성전 앞에서 이 예언을 제자들에게 해주셨습니다. 우리들은 말세에 살고 있기 때문에 눈 하나 깜박하지 않고 읽고 듣곤 하지만, 옛날 제자들에게는 그야말로 청천벽력과 같은 말씀이었을 것입니다. 왜냐하면 제자들은 다윗왕의 자손 예수께서 이 세상에 오셨으므로 옛날 다윗왕이 통치하던 때처럼 메시아께서 이스라엘을 로마제국으로부터 해방시켜 주시고, 태평성대를 누리게 해주실 것으로 믿고 있었기 때문입니다.

그런데 이것이 웬말입니까! 예루살렘성이 파괴되고, 하나님의 성전 또한 완전히 파괴된다는 상상도 할 수 없는 말씀을 하시니 말입니다. 하나님의 성전은 유다 사람들에게 있어서는 하나님을 상징하는 지극히 거룩하고 신성한 성전이었습니다. 그런데 그 말씀은 그대로 이루어졌습니다.

A.D.70년에 로마제국의 디도 장군이 이끄는 군대에 의해 예수님이 예언하신 대로 돌 위에 돌 하나도 남김없이 성전은 허망하게 무너지고 말았습니다. 예수님의 예언대로 불과 40여년 만에 말세를 맞이하여 멸망을 당하고 만 것입니다.

"천지는 없어지겠으나 내 말은 없어지지 아니하리라"(마 24:35).

징조 2. 말세징조의 여명(黎明)

본문에는 없지만 이스라엘 민족이 예수 그리스도의 구원의 복음을 거절하고 예수님을 십자가에 못 박아 처형함으로써 사실상 하나님께서는 이스라엘 백성들에게서 떠나셨다고 할 수 있습니다. 하나님이 약하고, 로마제국이 강해서 성전이 파괴된 것이 아닙니다. 하나님께서 허락하신 것입니다. 그리하여 이방나라의 대표격인 로마제국의 지배를 받게 된 것입니다. 그 때부터 로마제국은 주변국들과 서구, 중동지역 등 35개국을 14~15세기동안 지배하게 된 것입니다. 역사학자들은 이 시기를 암흑시기라고 합니다.

14세기 초부터 16세기 후반에 걸쳐서 이탈리아에서 발생한 '문예부흥'은 암흑에 묻혀서 잠자는 전 유럽 사람들을 깨우는 계기가 되었습니다. 인간성의 회복, 개성의 해방, 자유, 평등, 인권, 학문의자유, 종교의 자유 등 지성적인 계몽운동에 로마제국은 소리 없이무너져 내렸습니다. 14~15세기동안 서구인들을 덮었던 검은 장막은 걷히고 사람들은 비로소 광명을 찾게 된 것입니다. 문화와 문명이 발달하게 된 것입니다. 문화와 문명이 발달하면서 하나님의 복음도 함께 전파되기 시작하였습니다. 대영제국의 국력확장과 함께복음은 서구의 동서남북으로 전파되기 시작하였습니다. 미국 대륙의 발견과 미국의 건국이 세계 복음전파를 위한 전초기지와 같은귀중한 역할을 담당하였다는 것을 아무도 부인하지 못할 것입니다.

그 당시 종교개혁 운동을 한 사람들과 탐험가들, 대영제국의 빅토리아 여왕, 그리고 신앙을 위해 영국에서 미국 대륙으로 건너간 사람들은 세계 복음화를 위해 직접, 또는 간접적으로 하나님에 의해서 놀랍게 사용된 사람들이라고 할 수 있습니다. 두 말 할 것 없이직접 복음을 가지고 복음이 없는 지역들과 나라들을 찾아다니면서복음을 전파한 사람들이야말로 진정한 광명의 천사들이라고 말하지 아니할 수 없습니다. 복음전도의 확산과 예수님의 재림은 밀접한 관계가 있습니다.

"이 천국 복음이 모든 민족에게 증거되기 위하여 온 세상에 전파되리니 그제야 끝이 오리라!"(마 24:14).

징조 3. 나라들 간의 전쟁

"난리와 난리 소문을 듣겠으나 너희는 삼가 두려워 말라 이런 일이 있어야 하되 끝은 아직 아니니라 민족이 민족을, 나라가 나라를 대적하여 일어나겠고 처처에 기근과 지진이 있으리니"(마 24:6-7).

난리 소문이 두루 퍼지기 시작하면서 민족들 간에, 나라들 간에 전쟁이 발생한다는 것을 예언하고 있습니다. 로마제국의 멸망과 군소제국들이 독립하는 과정에서 전쟁들이 일어난다는 것은 예상할 수 있습니다. 이 세상 나라들 간의 전쟁은 대개 독립과 관계가 있는 것을 보게 됩니다.

- 1914~1918년　　 : 제 1차 세계대전
- 1939~1945년　　 : 일·독·이 3국동맹, 미·영에 전쟁도발
- 1948년 5월 14일 : 이스라엘 독립선언 (전쟁에 관해 뒤에 설명)
- 1979년　　　　　 : 이스라엘과 아랍제국의 평화조약 체결
- 1950~1953년　　 : 북한이 대한민국에 남침, 공산국들과 UN의 전쟁
- 1950~1953년　　 : 베트남 남북전쟁

이 외에도 사상전쟁이 있습니다. 무력전쟁 못지 않은 공산주의 유혈혁명이 일어나서 수천만 명의 사람들이 희생되었습니다.

- 1961~1991년　　 : 레닌의 공산주의 혁명 때

- 1941~1953년 : 스탈린이 소련 공산주의 국가의 수상이 되기 까지의 과정에서
- 1949~1976년 : 모택동에 의한 중국 공산당 지배 (2,700만 명 처형, 3천만 명 아사)
- 1945~1999년 : 북한 땅에 공산 독재정권이 뿌리 내리기까지 많은 사람들이 희생된 것은 세상이 다 아는 사실

예수님께서 말세의 전쟁에 대해 예언하신 20세기 초부터 시작하여 20세기 말까지는 전쟁으로 가득한 전쟁 세기였습니다. 예수님께서 말씀하신 전쟁 예언이 이렇게 성취되는 것이 놀랍지 않습니까?

징조 4. 지진 발생에 대한 예언

옛날에도 지진은 있었습니다. 그러나 매우 드문 일이었습니다. 지진을 연구하는 학자들의 발표에 의하면 놀랍게도 16세기로 접어들면서 세계적으로 그 회수가 빈번하게 발생하고 있다는 것입니다. 놀라지 않을 수 없습니다.

- 16세기 — 153건
- 17세기 — 378건
- 18세기 — 640건
- 19세기 — 2,119건
- 20세기 — 그 동안 지구상에서 5천 년간 발생한 회수보다도 더 많이 발생함

징조 5. 처처에 기근과 질병 만연

7절에 '처처에 기근'을 예언하셨습니다. 전쟁의 발생과 지진의 발생은 기근과 질병의 발생으로 이어질 수밖에 없습니다. 기록에 의하면 1차 세계대전 이후 굶주림과 역병 등으로 사망한 사람들만도 수천만 명이 된다고 합니다. 그 당시 유행성 독감이 원인이 되어 발병된 폐렴으로 죽은 사람이 세계적으로 2,100만 명에 이르고, 미국에서만도 85만 명에 이른다고 했습니다. 그 당시 성병도 전쟁으로 인해서 발생한 재앙이었다고 말합니다.

징조 6. 글로벌(global) 시대를 예언

지금부터 2,600년 전 다니엘 선지자를 통해서 하나의 세계, 글로벌(global), 국제화시대를 예언하신 것은 충격적인 예언이 아닐 수 없습니다.

"다니엘아, 마지막 때까지 이 말을 간수하고 이 글을 봉함하라. 많은 사람이 빨리 왕래하며, 지식이 더하리라"(단 12:4).

- 하나의 세계화
- 하나의 국제어로 영어 – 드디어 러시아도 학생, 직장인이 영어 공부 열풍이라고 함. "영어를 잘해야 출세"
  (조선일보 2007. 10. 5.)
- 하나의 정치기구 UN (1945년 51개국, 현재 188개국)
- 하나의 세계 경제체제 IMF
- 하나의 군사기구 UN군

- 하나의 식량무역협회 FTA
- 여행의 자유화, 문호개방
- 컴퓨터의 발명으로 인터넷 통신망, 세계는 하나
- 이밖에도 세계 하나를 위한 기구들이 많이 있음

세계가 하나의 체제로 변하는 것은 예수님께서 이 세상에 재림하시기 전에 적그리스도가 먼저 출현하여 자신이 그리스도라고 사칭하면서 세계를 지배하기 위한 간교한 계략입니다. 하지만 그는 만왕의 왕 예수님에 의해서 무저갱에 잠시 던짐을 받고 투옥, 그리고 영영한 지옥에 던짐을 받게 됩니다.

징조 7. 로마제국 판도 위의 EU

"왕이여 왕이 한 큰 신상을 보셨나이다 그 신상이 왕의 앞에 섰는데 크고 광채가 특심하며 그 모양이 심히 두려우니 그 우상의 머리는 정금이요 가슴과 팔들은 은이요 배와 넓적다리는 놋이요 그 종아리는 철이요 그 발은 얼마는 철이요 얼마는 진흙이었나이다 또 왕이 보신즉 사람의 손으로 하지 아니하고 뜨인 돌이 신상의 철과 진흙의 발을 쳐서 부숴뜨리매 때에 철과 진흙과 놋과 은과 금이 다 부숴져 여름 타작마당의 겨 같이 되어 바람에 불려 간 곳이 없었고 우상을 친 돌은 태산을 이루어 온 세계에 가득하였었나이다"(단 2:31-35).

바벨론제국의 느부갓네살왕이 꿈속에서 무시무시한 신상을 보았는데 그 신상은 장차 일어나게 될 이방 제국들을 상징적으로 보여주신 것입니다.

하나님께서 느부갓네살왕의 꿈을 통해서 보여주신 이상을 해명하면

- 우상의 머리는 정금 ················ 바벨론제국
- 우상의 가슴과 팔들은 은 ········· 페르시아제국
- 우상의 배와 넓적다리는 놋 ········ 그리스제국
- 우상의 두 종아리는 철 ············· 동서 로마제국
- 발과 발가락은 철과 진흙 ········· 로마제국 판도위의 EU

하나님께서는 위의 나라들이 아직 생기기도 전에 앞으로 바벨론 제국의 뒤를 이어 이런 나라들이 일어나게 될 것을 예언해 주셨습니다. 이 예언대로 바벨론제국의 뒤를 이어 위의 나라들이 일어난 것은 역사가 증명을 해주고 있습니다. 하나님의 전지전능하심을 찬양합니다.

위의 나라들 중에서 이방 나라들의 마지막 시대에 주목해야 합니다. 이 세상의 마지막 시대는 두 발의 시대, 즉 발가락 열 개의 시대인 것입니다. 로마제국의 판도위에 탄생한 EU가 마지막 두 발의 시대인 것입니다. 우리들은 이 두 발 시대인 종말에 주목해야 합니다.

"또 왕이 보신즉 사람의 손으로 하지 아니하고 뜨인 돌이 신상의 철과 진흙의 발을 쳐서 부숴뜨리매 때에 철과 진흙과 놋과 은과 금이 다 부숴져 여름 타작마당의 겨 같이 되어 바람에 불려 간 곳이 없었고 우상을 친 돌은 태산을 이루어 온 세계에 가득하였었나이다"(단 2:34-35).

공중에서 뜨인 돌이 날아와서 신상의 두 다리와 발가락 열 개를 순식간에 가루로 만들어 날려 버렸고, 우상을 친 돌은 태산을 이루어 온 세계에 가득하게 되었다고 했는데 도대체 이것은 무슨 뜻일까요? 이 공중에서 날아온 돌은 장차 재림하게 되실 예수 그리스도이십니다.

언젠가 때가 되면 적그리스도가 EU에서 출현하게 될 것입니다. 다니엘서의 예언은 지금으로부터 약 2,600여 년 전에 하나님의 사람 다니엘을 통해서 예언하신 것입니다. EU는 1994년에 발족된 기구입니다. 하나님의 예언이 놀랍지 않습니까. 현재 EU 가입국은 27개국으로 알고 있습니다. 경제가 세계에서 1위이고, 군사적으로도 막강하며, 유사시 15일내에 작전에 투입할 수 있는 신속대응 전투단을 확보하고 있다는 보도도 있습니다.

2005년 6월 7일자의 한 일간지 설문조사 보도에 따르면 EU의 중요한 두 나라인 영국과 프랑스의 성인 1,000명 중 57%, 63%가 종교는 중요하지 않다고 대답했다고 합니다. 옛날 영국은 카톨릭에 굴복하지 않고 종교개혁을 도와줌으로써 하나님의 복을 받고 대영제국의 영화를 누리게 되었는데 믿음이 중요하지 않다니 이것이 웬일입니까!

공중에 뜨인 돌, 예수 그리스도께서 약속하신 말씀대로 다시 오실 날이 날마다 가까이 다가오고 있습니다. 늦기 전에 예수님을 자신의 구주로 맞으시기 바랍니다.

"너희 가운데서 하늘로 올리우신 이 예수는 하늘로 가심을 본 그대로 오시리라 하였느니라"(행 1:11하).

징조 8. 인간의 타락과 쾌락 탐닉

인류의 역사를 볼 것 같으면 어느 시대이든 말세적인 인간들의 타락은 성적인 타락, 우상숭배, 도덕적인 타락 등으로 볼 수 있습니다. 옛날 노아 홍수 심판 이전의 사람들이 그러했고, 소돔과 고모라 사람들이 그러했으며, 이스라엘 민족의 종말이 그러했습니다.

● 노아시대의 말세적 타락

"사람이 땅 위에 번성하기 시작할 때에 그들에게서 딸들이 나니 하나님의 아들들이 사람의 딸들의 아름다움을 보고 자기들의 좋아하는 모든 자로 아내를 삼는지라 여호와께서 가라사대 나의 신이 영원히 사람과 함께 하지 아니하리니 이는 그들이 육체가 됨이라 그러나 그들의 날은 일백 이십년이 되리라 하시니라 당시에 땅에 네피림이 있었고 그 후에도 하나님의 아들들이 사람의 딸들을 취하여 자식을 낳았으니 그들이 용사라 고대에 유명한 사람이었더라 여호와께서 사람의 죄악이 세상에 관영함과 그 마음의 생각의 모든 계획이 항상 악할 뿐임을 보시고 땅 위에 사람 지으셨음을 한탄하사 마음에 근심하시고 가라사대 나의 창조한 사람을 내가 지면에서 쓸어 버리되 사람으로부터 육축과 기는 것과 공중의 새까지 그리하리니 이는 내가 그것을 지었음을 한탄함이니라 하시니라 그러나 노아는 여호와께 은혜를 입었더라"(창 6:1-8).

● 소돔과 고모라성 사람들의 타락

소돔과 고모라성 사람들의 타락은 성경에서 타락의 대명사처럼 사용되고 있습니다. 하나님께서 오죽하시면 그 성을 유황불로 사르고 엎으시고, 그 지역을 염도 7배나 높은 사해로 만들어 후세 사람들에게 경계를 받게 하셨겠습니까.

● 이스라엘 백성들의 타락

"여호와께서 또 말씀하시되 시온의 딸들이 교만하여 늘인 목, 정을 통하는 눈으로 다니며 아기죽거려 행하며 발로는 쟁쟁한 소리를 낸다 하시도다 그러므로 주께서 시온의 딸들의 정수리에 딱지가 생기게 하시며 여호와께서 그들의 하체로 드러나게 하시리라 주께서 그 날에 그들의 장식한 발목 고리와 머리의 망사와 반달 장식과 귀고리와 팔목 고리와 면박과 화관과 발목 사슬과 띠와 향합과 호신부와 지환과 코 고리와 예복과 겉옷과 목도리와 손주머니와 손거울과 세마포 옷과 머리 수건과 너울을 제하시리니 그 때에 썩은 냄새가 향을 대신하고 노끈이 띠를 대신하고 대머리가 숱한 머리털을 대신하고 굵은 베옷이 화려한 옷을 대신하고 자자한 흔적이 고운 얼굴을 대신할 것이며 너희 장정은 칼에, 너희 용사는 전란에 망할 것이며 그 성문은 슬퍼하며 곡할 것이요 시온은 황무하여 땅에 앉으리라"(사 3:16-26).

현재 한국의 쾌락풍조는 세계 어느 나라들보다도 심하다고 합니다. 2007년 3월 8일 한 일간지에 미국 국무부가 발표한 연례 국제 인권보고서에 따르면 한국에서는 성매매가 불법임에도 불구하고 퇴폐 마사지나 인터넷을 통한 성매매가 도처에 만연해 있으며, '북한은 세계에서 가장 폭압적 정권' 이라고 보고하면서 최근 중국과 동남아에서 유행하고 있는 섹스관광을 다룰 법은 미비하다고 했습니다. 성매매 금지법이 제정된 후로 성매매는 지하로, 해외로 계속 퍼지고 있으며 "최근에는 성매매 남성의 60%가 마사지업소를 이

용하고, 인터넷을 이용한 윤락도 성행하고 있다"고 보고하고 있습니다.

말세의 징조는 우리나라에서 가장 두드러지게 나타나고 있는 것 같습니다. 인구비율로 봐서는 세계에서 그리스도인들이 가장 많은 나라인데 말입니다. 우리 그리스도인들은 말세적인 풍조에 물들지 말고 빛과 소금의 직분을 잘 감당해야 하겠습니다.

"노아의 때에 된 것과 같이 인자의 때에도 그러하리라 노아가 방주에 들어가던 날까지 사람들이 먹고 마시고 장가 들고 시집 가더니 홍수가 나서 저희를 다 멸하였으며 또 롯의 때와 같으리니 사람들이 먹고 마시고 사고 팔고 심고 집을 짓더니 롯이 소돔에서 나가던 날에 하늘로서 불과 유황이 비오듯하여 저희를 멸하였느니라 인자의 나타나는 날에도 이러하리라"(눅 17:26-30).

"네가 이것을 알라, 말세에 고통 하는 때가 이르리니 사람들은 자기를 사랑하며, 돈을 사랑하며, 자긍하며, 교만하며, 훼방하며, 부모를 거역하며, 감사치 아니하며, 거룩하지 아니하며, 무정하며, 원통함을 풀지 아니하며, 참소하며, 절제하지 못하며, 사나우며, 선한 것을 좋아 아니하며, 배반하여 팔며, 조급하며, 자고하며, 쾌락을 사랑하기를 하나님 사랑하는 것보다 더하며, 경건의 모양은 있으나 경건의 능력은 부인하는 자니, 이 같은 자들에게서 네가 돌아서라"(딤후 3:1-5).

이상에서 말세의 징조들을 살펴보았는데 바로 이 때야말로 말세지말(末世之末)인 것을 알게 되었을 것입니다. 자다가도 깰 때가 바로 이 때입니다. 곧 오실 예수님을 바라보면서 기도하고, 구령하는 일에 힘씁시다. 서로를 돌아보고 격려하며 헌신합시다.

징조 9. 지구의 온난화 현상과 재해

저는 과학자가 아니기 때문에 기상이변, 온난화에 대해서는 자세히 모르지만 제가 생각하기에 지구는 일종의 열병에 걸린 것이 아닌가, 고혈압증세 같은 것이 아닌가, 다시 말하면 중병증세로 봐야 되지 않을까 하는 생각이 듭니다. 아무도 예상하지 못했던 온난화 현상으로 세계 도처에 폭우가 쏟아지는가 하면 여름에 눈이 내리기도 하는 등, 해마다 기상이변으로 인해 막대한 인명과 재산 피해를 입고 있습니다. 문제는 해면수위가 높아지면 그 피해는 예상할 수 없는 큰 재앙이 될 것이라는 사실입니다. 지구의 온도는 점점 올라가 만년설로 덮여 있던 히말라야 산들이 맨살을 드러내면서 북극의 빙산들도 빠른 속도로 무너져 내리는 모습을 영상으로 보게 되는데 그 속도가 점점 빠르게 진행된다고 하니 두렵기만 합니다. 과학자들은 지구의 열을 줄이기 위해서는 열을 뿜어내는 화력발전소, 공장 등을 개선해서 온난화 현상을 극복해야 한다고 호소하지만 경제목표를 달성하기 위한 국가들이 있는 한, 세계의 공장 굴뚝들은 열과 매연을 계속 뿜어낼 것입니다. 지구의 재앙은 날이 갈수록 더해지는 것이 성경의 예언입니다.

징조 10. 천국 복음이 모든 민족에게 증거

마태복음 24장 14절에 "이 천국복음이 모든 민족에게 증거되기 위하여 온 세상에 전파되리니 그제야 끝이 오리라"라고 말씀하고 있습니다. 세상 종말의 예언 중에서 복음 전도의 진행을 볼 수 있기 때문에 말세가 가까이 다가옴을 느낄 수 있습니다. 그 당시 예수님께서 이 예언을 해 주실 때의 상황은 며칠 후이면 이스라엘 사람들로부터 버림을 받고 참혹한 십자가 형벌에 처하게 되는데 어떻게 이와 같은 예언을 하실 수가 있었겠습니까. 대답은 간단합니다. 예수님은 하나님이시기 때문입니다.

예수님께서는 죽으신지 3일 만에 부활하셨고, 그리고 승천하신지도 2천년이 넘었습니다. 예수님께서 말씀하신 것처럼 천국 복음은 말할 수 없는 핍박을 겪으면서도 멈추지 않고 전파되어 온 세상에 널리 퍼지게 되었습니다. 오늘날에 이르러서는 이슬람 국가들, 공산주의 국가들을 제외하고는 복음이 들어가지 아니한 나라가 없을 정도로 전파되었습니다. 지금 이 순간에도 복음은 여러 수단을 통해서 이 지구상의 사람들에게 끊임없이 전파되고 있습니다.

그런데 세계에서 인구로 보나 국토면적으로 보나 영향력으로 보나 세계 최강대국이라 할 수 있는 중국에서 변화가 일어나고 있는 것을 주목해야 합니다. 모두가 잘 알다시피 전 주석 등소평은 "흰 고양이든, 검은 고양이든 쥐만 잡으면 된다"라고 말하며 자유 민주주의 시장경제를 도입, 불과 수년 만에 중국을 부자 나라로 만들어 놓았습니다. 앞으로 중국이 종교의 자유를 갖게 될 변화가 일어날 가능성이 높습니다. 경제는 자본주의이고, 정치는 공산주의라는 것은 맞지 않기 때문입니다. 자본주의 경제와 공산주의 이념은 근본적으로 맞지 않습니다. 중국의 변화는 복음전도를 수용할 수밖에 없을 것입니다. 복음이 중국으로, 북한으로 들어갈 날이 가까워짐으로써 예수님의 재림 또한 성큼 다가서게 될 것입니다.

징조 11. 이스라엘의 소생

"무화과나무의 비유를 배우라. 그 가지가 연하여지고 잎사귀를 내면 여름이 가까운 줄을 아나니 이와 같이 너희도 이 모든 일을 보거든 인자가 가까이 곧 문 앞에 이른줄 알라! 내가 진실로 너희에게 말하노니 이 세대가 지나가기 전에 이 일이 다 이루리라. 천지는 없어지겠으나 내 말은 없어지지 아니하리라"(마 24:32-35).

이 말씀은 전지전능하신 하나님이 아니고서는 불가능한, 아니 상상도 할 수 없는 예언이 아닐 수 없습니다. 왜냐하면 예수님께서 이스라엘 민족의 멸망과 오랜 후에 다시 소생할 것을 예언해 주셨기 때문입니다. 예수께서 이 예언을 하실 때 이스라엘 백성들은 건재해 있었기 때문에 하나님께서 자기네 백성들과 함께 해주실 것임을 믿어 의심치 않았습니다. 그리고 그들은 당장 눈앞의 예수가 일찍이 예언해 주신 자기들의 메시아이심을 깨닫지 못하고, 자기들의 허물과 죄악들을 책망한다고 배척했을 뿐만 아니라, 필경엔 십자가에 못 박아 처형하였습니다.

이스라엘 민족은 결국 자기들의 메시아를 알아보지 못하고 처형한 죄로 서기 70년에 로마제국의 침공으로 멸망했고, 예수님의 예언은 성취되었습니다. 그 후 이스라엘 백성들은 무려 2,000년 가까이 이 세상에서 나라 없는 방랑인들이 되어 멸시와 천대는 물론 질병과 굶주림으로 많이 죽고, 인간 이하의 온갖 수모를 겪으면서 목숨을 부지해야 했습니다.

그러다가 1948년 5월 14일 UN을 통해서 주권을 인정받고 독립국으로 다시 태어나게 되었습니다. 인류역사상 그 유례를 찾아볼 수 없는 기적이 발생한 것입니다. 이 기적이야말로 기원전 600년 경(겔 37:1-14 참고) 하나님께서 에스겔 선지자를 어느 골짜기로 데리고 가 지면의 인골들을 보여 주시면서 "이 뼈들이 능히 살겠느냐?" 물으시며 "너는 이렇게 대언하라" 하신 말씀과 같습니다.

"너희 마른 뼈들아! 하나님의 말씀을 들을지어다. 주 하나님께서 이 뼈들에게 말씀하시기를 내가 생기로 너희에게 들어가게 하리니 너희가 살리라. 너희 위에 힘줄을 두고 살을 입히고, 가죽으로 덮고 너희 속에 생기를 두리니 너희가 살리라. 또 나를 하나님인줄 알리라 하셨다 하라!"(겔 37:4하-6).

- 이 에스겔 선지자의 예언을 하나님께서 꼭 2,600년 만에 이루어 주셨습니다. 하나님은 창조주이시고, 역사의 주인이시며, 예언은 반드시 지키시는 약속의 하나님이십니다.
- 이스라엘 민족이 독립국으로 태어난 후 1948년부터 1982년까지 아랍제국들은 무려 여섯 차례나 이스라엘에 전쟁을 도발했지만 패배를 거듭했습니다. 그 당시 애굽의 낫셀은 "이 지구상에서 이스라엘을 완전히 없애버리겠다!"고 큰 소리쳤지만 자기들이 당하고 말았습니다. 예수님의 예언이 참으로 놀랍지 않습니까.
"천지는 없어지겠으나 내 말은 없어지지 아니하니라!" 아멘!

예수님의 재림은 임박했습니다. 예수님께서 하신 예언들은 이 시대 사람들이 지켜보는 가운데 빠른 속도로 성취되고 있습니다. 아직 예수님을 영접하지 않으셨다면 이제라도 예수님을 여러분의 구주로 영접하고 구원 받으시기 바랍니다. 이제 곧 이방인들을 위한 구원의 시대는 막을 내리고, 친 백성들인 이스라엘 사람들을 위한 구원의 시대로 돌입하게 될 것입니다.

"보라 지금은 은혜받을 만한 때요 보라 지금은 구원의 날이로다"(고후 6:2하).

"보라 내가 속히 오리니 내가 줄 상이 내게 있어 각 사람에게 그의 일한 대로 갚아 주리라 나는 알파와 오메가요 처음과 나중이요 시작과 끝이라"(계 22:12-13).

2

예수 그리스도의
재림(再臨) 약속

"저희가 모였을 때에 예수께 묻자와 가로되 주께서 이스라엘 나라를 회복하심이 이 때니이까 하니 가라사대 때와 기한은 아버지께서 자기의 권한에 두셨으니 너희의 알 바 아니요 오직 성령이 너희에게 임하시면 너희가 권능을 받고 예루살렘과 온 유대와 사마리아와 땅끝까지 이르러 내 증인이 되리라 하시니라 이 말씀을 마치시고 저희 보는데서 올리워 가시니 구름이 저를 가리워 보이지 않게 하더라 올라가실 때에 제자들이 자세히 하늘을 쳐다 보고 있는데 흰옷 입은 두 사람이 저희 곁에 서서 가로되 갈릴리 사람들아 어찌하여 서서 하늘을 쳐다 보느냐 너희 가운데서 하늘로 올리우신 이 예수는 하늘로 가심을 본 그대로 오시리라 하였느니라"(행 1:6-11).

"너희는 마음에 근심하지 말라 하나님을 믿으니 또 나를 믿으라 내 아버지 집에 거할 곳이 많도다 그렇지 않으면 너희에게 일렀으리라 내가 너희를 위하여 처소를 예비하러 가노니 가서 너희를 위하여 처소를 예비하면 내가 다시 와서 너희를 내게로 영접하여 나 있는 곳에 너희도 있게 하리라"(요 14:1-3).

"이것들을 증거하신 이가 가라사대 내가 진실로 속히 오리라 하시거늘 아멘 주 예수여 오시옵소서"(계 22:20).

성경에는 크고 작은 예언들이 일일이 다 셀 수 없을 정도로 많이 기록되어 있습니다. 세어보지 않아서 잘은 모르겠으나 적어도 수천 종류의 예언들이 기록되어 있지 않을까 생각됩니다. 그런데 중요한 것은 예언의 수가 많고 적음을 떠나서 예언은 조만간 반드시 성취된다는데 있습니다.

예수님께서는 많은 예언들을 주시면서 이렇게 말씀하셨습니다.

"천지는 없어지겠으나 내 말은 없어지지 아니하리라!"

예수 탄생의 예언

성경에서 가장 귀중한 예언은 예수님에 관한 예언입니다. 예수님에 관한 예언은 예수께서 탄생하시기 수천 년 전부터 직접 또는 간접적으로 여러 사람들을 통해서 말씀되어져 왔습니다. 이 세상에 예수님처럼 탄생을 예언하고 난 사람이 있을까요? 예수님 외에는 없습니다. 왜냐하면 그 분은 사람 이상의 특별한 사람이었기 때문입니다. 예수님께서 탄생하시기 수백 년 전에 예수님의 탄생과 죽음을 예언하신 분들의 말씀을 한 번 들어보십시오.

"이는 한 아기가 우리에게 났고 한 아들을 우리에게 주신 바 되었는데 그 어깨에는 정사를 메었고 그 이름은 기묘자라, 모사라, 전능하신 하나님이라, 영존하시는 아버지라, 평강의 왕이라 할 것임이라"(사 9:6).

"그가 찔림은 우리의 허물을 인함이요, 그가 상함은 우리의 죄악을 인함이라. 그가 징계를 받음으로 우리가 평화를 누리고 그가 채찍에 맞음으로 우리가 나음을 입었도다 우리는 다 양 같아서 그릇 행하여 각기 제

길로 갔거늘 하나님께서는 우리 무리의 죄악을 그에게 담당시키셨도다"
(사 53:5-6).

예수님께서는 탄생하시기 700년 전에 예언자가 예언한 대로 근본
이 하나님이신 분이 사람의 형상을 입고 이 땅에 오셨습니다. 그리
고 예언대로 십자가에 못 박혀 죽으시고 죽으신지 3일 만에 부활하
심으로써 죄인들에게 구원의 길을 열어주시고 승천하셨습니다.

재림의 약속

"저희가 모였을 때에 예수께 묻자와 가로되 주께서 이스라엘 나라를
회복하심이 이 때니이까 하니 가라사대 때와 기한은 아버지께서 자기의
권한에 두셨으니 너희의 알 바 아니요 오직 성령이 너희에게 임하시면
너희가 권능을 받고 예루살렘과 온 유대와 사마리아와 땅 끝까지 이르러
내 증인이 되리라 하시니라 이 말씀을 마치시고 저희 보는데서 올리워
가시니 구름이 저를 가리워 보이지 않게 하더라 올라가실 때에 제자들이
자세히 하늘을 쳐다보고 있는데 흰 옷 입은 두 사람이 저희 곁에 서서
가로되 갈릴리 사람들아 어찌하여 서서 하늘을 쳐다보느냐 너희 가운데
서 하늘로 올리우신 이 예수는 하늘로 가심을 본 그대로 오시리라 하였
느니라"(행 1:6-11).

"너희는 마음에 근심하지 말라 하나님을 믿으니 또 나를 믿으라 내 아
버지 집에 거할 곳이 많도다 그렇지 않으면 너희에게 일렀으리라 내가
너희를 위하여 처소를 예비하러 가노니 가서 너희를 위하여 처소를 예비
하면 내가 다시 와서 너희를 내게로 영접하여 나 있는 곳에 너희도 있게

하리라"(요 14:1-3).

예수님께서는 재림에 관한 약속을 사랑하는 제자들에게 수차 말씀해 주셨습니다. 위에 인용한 재림에 관한 말씀을 비롯하여 성경에는 직접 또는 간접적인 재림에 관한 예언의 말씀이 200~400회 정도는 될 것입니다. 구약의 시편에는 메시아 예수님에 관한 예언들이 얼마나 많이 예언되어 있는지요! 그래서 시편을 '메시아 시편'이라고 부릅니다.

신약성경에는 적어도 100회 이상 메시아에 관한 예언을 시편에서 인용했는데 간접적으로 인용한 것을 포함하면 400회 정도는 될 것입니다. 그런데 여기에다 신약에 기록되어 있는 예언들까지 합한다고 하면 예수님의 재림에 관한 예언, 즉 약속의 말씀이 얼마나 많겠습니까. 마태복음 24장에만 해도 10여회나 기록되어 있습니다.

성경의 마지막 책, 마지막 장인 요한계시록 22장에서는 예수께서 세 번이나 재림을 최종적으로 약속하시면서 성경을 마무리하셨습니다.

"보라! 내가 속히 오리니 내가 줄 상이 내게 있어 각 사람에게 그의 일한 대로 갚아 주리라 나는 알파와 오메가요, 처음과 나중이요, 시작과 끝이라"(계 22:12-13).

"이것들을 증거하신 이가 가라사대 내가 진실로 속히 오리라 하시거늘 아멘 주 예수여! 오시옵소서!"(계 22:20).

재림의 임박

예수님의 재림은 점점 임박해오고 있습니다. 그 증거는 앞에서 여러 가지 증거를 보인 바와 같습니다. 말세의 징조는 20세기로 진입하면서 본격적으로 나타나기 시작했는데 전쟁과 지진 등을 비롯해서 온갖 재난들이 일어나기 시작한 것이 그것입니다. 말세의 징조들 중에서도 징조들이라 할 수 있는 것은 ① 세계화 시대의 도래 ② 이스라엘 민족의 소생과 주권국가로서의 탄생 ③ 복음의 확산 등인데 지금 이 복음이 온 세상에 빠르게 전파되고 있다는 놀라운 사실입니다.

약 2,000년 전에 보잘 것 없는 소수의 제자들에게 일러주신 말세의 징조들이 이렇게 백여 년 전부터 현실적으로 성취되고 있는 것입니다. 이제 마지막으로 이루어질 예언이 있다면 그것은 예수님의 재림뿐입니다.

이 글을 읽으시는 사랑하는 독자 여러분!

지체하지 마시고 예수님을 여러분의 구주로 영접하시고 예수님 맞을 준비를 하시기 바랍니다. 시대의 표징을 보아서 예수님은 언제라도 오실 수 있는 시기가 무르익었습니다.

재림의 시기

말세의 징조들에 관한 말씀을 전하다보면 징조보다도 더 궁금하게 여기는 것이 예수님께서 언제쯤 오시겠느냐 하는 시기에 관한 것입니다. 그러나 성경 어디를 보아도 예수님께서 재림하실 시기에 관해서 정확하게 기록해 놓으신 것은 찾을 수가 없습니다. 오히려 그 시기와 때는 하나님의 권한 하에 있고, 너희의 알 바 아니라고 말씀하시고 있습니다.

"저희가 모였을 때에 예수께 묻자와 가로되 주께서 이스라엘 나라를 회복하심이 이 때니이까 하니 가라사대 때와 기한은 아버지께서 자기의 권한에 두셨으니 너희의 알 바 아니요"(행 1:6-7).

"형제들아 때와 시기에 관하여는 너희에게 쓸 것이 없음은 주의 날이 밤에 도적같이 이를 줄을 너희 자신이 자세히 앎이라"(살전 5:1-2).

"그런즉 깨어 있으라! 너희는 그 날과 그 시를 알지 못하느니라" (마 25:13).

예수님께서 재림하실 시와 때에 관해서는 하나님 외에는 아무도 모릅니다. 마태복음 24장에서는 재림의 시기에 관해서 이렇게 표현하고 있습니다. 노아 때의 홍수처럼, 도적이 어느 경점에 올 줄 모르듯이, 사람들이 생각지 않는 때에, 신랑이 밤중 어느 경점에 올지 모르듯이, 예수님은 세상 사람들이 세상 잠에 흠뻑 빠져 단잠을 자고 있을 때 강림하신다는 것을 경고하고 있습니다. 마태복음 24장 37-39절에 "노아의 때와 같이 인자의 임함도 그러하리라. 홍수 전에 노아가 방주에 들어가던 날까지 사람들이 먹고 마시고 장가들고 시집가고 있으면서 홍수가 나서 저희를 다 멸하기까지 깨닫지 못하였으니 인자의 임함도 이와 같으리라" 하고 경고하셨습니다.

그러면 예수님께서 재림하시면 어떠한 일이 일어날 것인지 알고 계시는지요?

예수님의 재림은 곧 세상 종말

예수님의 재림은 인간 통치시대의 끝을 의미하는 것입니다. 인간 들이 자유의지대로 살 수 있었던 시대, 복음을 듣고 구원받을 수도 있었고, 또는 비웃고 조롱하며 나와 상관없는 일처럼 무관심할 수 도 있었던, 그리고 인간들이 마음대로 권력을 잡고 통치하던 인간 들의 시대가 완전히 끝났음을 알리는 종말의 날인 것입니다. 이방 인들을 위한 은혜의 시대는 완전히 끝이 나고, 심판의 시대로 돌입 한다는 말입니다. "말세!" "말세!" 하는데 그 날이야말로 진짜 말그 대로 말세인 것입니다.

예수께서 재림하시면 하나님의 성도들과 죄 사함 받지 못한 세상 사람들과의 구별, 즉 분리가 순식간에 이루어질 것입니다. 그 날의 구별과 분리는 주 안에서 세상을 떠난 성도들에게도 동일하게 이루 어지게 되는데 우리 예수님께서 하시는 이 장엄한 일은 단 한 사람 에게라도 실수가 없을 것입니다. 그 날, 주를 믿는 자는 영광중에 홀연히 변화하여 우리 주님 앞에 서게 될 것입니다.

세상의 종말에 대하여 사람들에게 전하다 보면 시대를 초월하여 비슷한 반응을 보이게 되는데 그것은 비웃거나 무시하는 경향이라 고 할 수 있습니다. 노아 시대의 사람들이나 이 시대 사람들이나 공 통점이 있습니다. 말세의 징조 등에 관해서 이야기를 하며 전도를 해보면 수긍을 하는 것 같다가도 "열심히 일해서 돈 좀 벌면 예수 믿지요." 하며 말세에 관한 이야기가 끝나지 않았고 예수 믿으라는 말을 꺼내지도 않았는데 씩 웃으면서 대화를 피하는 것입니다. 이 세상의 많은 사람들은 세상 종말에 관해서는 전혀 믿을 수 없는 일 로 인식하고 있는 듯합니다. 또, 말세론이 기독교 신자들의 가장 효

과적인 전도 방법이라고 생각하는 지식인들도 있는 듯합니다.

그러나 세상 사람들의 반응이 어떠하든지 간에 우리 하나님의 사람들은 진실을 알리는데 가치와 목적을 두고 세상 종말의 임박성을 전해야 하는 것입니다. 그것이 성도들의 의무요, 하나님의 뜻이기 때문입니다. 복음전도가 유력하기 위해서는 성도들의 삶이 진실해야겠습니다. 그리고 듣든지 아니 듣든지 너무 신경쓰지 말고 명령에 순종하여 전하는 것이 중요합니다.

"하나님 앞과 산 자와 죽은 자를 심판하실 그리스도 예수 앞에서 그의 나타나실 것과 그의 나라를 두고 엄히 명하노니 너는 말씀을 전파하라 때를 얻든지 못 얻든지 항상 힘쓰라"(딤후 4:1-2상).

아직도 예수님을 자신의 구주로 믿지 않고 있는 분들은 더 이상 미루지 마시고 오늘 이 시간 결단을 하십시오! 예수 그리스도 외에 달리 구주가 없습니다.

"다른 이로서는 구원을 얻을 수 없나니 천하 인간에 구원을 얻을만한 다른 이름을 우리에게 주신 일이 없음이니라 하였더라"(행 4:12).

예수님께서 다시 오실 때가 되었습니다. 이번에 두 번째로 오시는 것은 죄 용서함 받지 못한 자들을 심판하시기 위해서 오시는 것입니다.

3
신부의 조건

"그 때에 천국은 마치 등을 들고 신랑을 맞으러 나간 열 처녀와 같다 하리니 그 중에 다섯은 미련하고 다섯은 슬기 있는지라 미련한 자들은 등을 가지되 기름을 가지지 아니하고 슬기 있는 자들은 그릇에 기름을 담아 등과 함께 가져갔더니 신랑이 더디 오므로 다 졸며 잘새 밤중에 소리가 나되 보라 신랑이로다 맞으러 나오라 하매 이에 그 처녀들이 다 일어나 등을 준비할새 미련한 자들이 슬기 있는 자들에게 이르되 우리 등불이 꺼져가니 너희 기름을 좀 나눠 달라 하거늘 슬기 있는 자들이 대답하여 가로되 우리와 너희의 쓰기에 다 부족할까 하노니 차라리 파는 자들에게 가서 너희 쓸 것을 사라 하니 저희가 사러 간 동안에 신랑이 오므로 예비하였던 자들은 함께 혼인 잔치에 들어가고 문은 닫힌지라 그 후에 남은 처녀들이 와서 가로되 주여 주여 우리에게 열어 주소서 대답하여 가로되 진실로 너희에게 이르노니 내가 너희를 알지 못하노라 하였느니라 그런즉 깨어 있으라 너희는 그 날과 그 시를 알지 못하느니라"(마 25:1-13).

구원받은 성도들이라면 성별, 연령을 초월해서 모두가 예수님의 신부라고 하는 사실을 알아야 합니다. 구원받은 성도들은 누구나 할 것 없이 예수님의 신부입니다. 예수님의 신부라고 하면, 신부로서 마땅히 지켜야 할 도리가 있습니다. 쉽게 말하면, 예수님의 신부로서 마땅히 지켜야 할 행실, 마땅히 갖추어야 할 조건들이 있다는 것입니다.

구원 받음으로 신부가 됨

모든 사람들은 본질적으로는 죄인임으로 하나님의 독생성자이신 예수님의 신부가 될 수 없습니다. 그 분의 신부는 고사하고 멸망당하기에 꼭 알맞는 자들인 것입니다. 그런데 감사한 것은 예수님께서 일찍이 죄인들을 멸망에서 구원하시고자 십자가 사건을 통해서 죄 문제를 다 해결해 주시고 죽으신지 3일 만에 부활하심으로써 만인의 구주가 되신 것입니다.

"하나님이 세상을 이처럼 사랑하사 독생자를 주셨으니 이는 저를 믿는 자마다 멸망치 않고 영생을 얻게 하려 하심이니라"(요 3:16).

"영접하는 자 곧 그 이름을 믿는 자들에게는 하나님의 자녀가 되는 권세를 주셨으니"(요 1:12).

"예수께서 가라사대 내가 곧 길이요 진리요 생명이니 나로 말미암지 않고는 아버지께로 올 자가 없느니라"(요 14:6).

누구든지 예수님을 자신의 구주로 영접하기만 하면 예수님의 신부가 될 수 있는 것입니다. 세상에서 이 보다 더 기쁜 소식은 없습니다. 당신은 예수님을 자신의 구주로 영접함으로써 예수님과 약혼한 신부가 되셨습니까? 약혼반지 영생을 받으셨습니까?

아름다운 신랑

예수님은 하나님의 나라에서나 이 땅에서나 가장 아름다운 분이십니다. 예수님의 아름다움은 인간들로서는 측량할 수가 없습니다. 성부 하나님께서 만족하실 만큼 아름다우신 분이십니다.

"그는 근본 하나님의 본체시나 하나님과 동등됨을 취할 것으로 여기지 아니하시고 오히려 자기를 비어 종의 형체를 가져 사람들과 같이 되었고 사람의 모양으로 나타나셨으매 자기를 낮추시고 죽기까지 복종하셨으니 곧 십자가에 죽으심이라 이러므로 하나님이 그를 지극히 높여 모든 이름 위에 뛰어난 이름을 주사 하늘에 있는 자들과 땅에 있는 자들과 땅 아래 있는 자들로 모든 무릎을 예수의 이름에 꿇게 하시고 모든 입으로 예수 그리스도를 주라 시인하여 하나님 아버지께 영광을 돌리게 하셨느니라" (빌 2:6-11).

예수님께서 예루살렘에 입성하실 때 나귀를 타셨는데 그 이유는 겸손하시기 때문입니다. 이 세상에서 가장 아름다운 것은 겸손이며, 가장 미운 것은 교만입니다. 겸손은 예수님의 본성이며, 교만은 마귀사단의 본성입니다. 예수께서 이제 만왕의 왕으로, 만주의 주님으로 오실 때에는 백마를 타고 오십니다.

"또 내가 하늘이 열린 것을 보니 보라 백마와 탄 자가 있으니 그 이름은 충신과 진실이라 그가 공의로 심판하며 싸우더라"(계 19:11).

우리 성도들은 항상 예수님을 본받아 겸손한 사람이 되어야겠습니다.

슬기롭고 지혜로운 신부

'슬기롭다' 는 말은 사리를 바르게 판별하고 일을 잘 처리하는 능력, '지혜'를 뜻하는 말입니다. 마태복음 25장에서는 슬기가 무엇이고, 미련이 어떠한 것인지 대조적으로 잘 보여주고 있습니다. 잠언 31장에 나오는 현숙한 여자는 또한 슬기로운 여자인 것을 볼 수 있습니다. 룻기에서의 룻은 가난하고 어려운 처지에서 하나님을 선택한 슬기를 볼 수 있습니다. 결론적으로 말해서 항상 슬기 있는 선택, 지혜로운 선택은 하나님의 말씀을 100% 따르면 되는 것입니다. 인생으로 태어나서 최고의 슬기로운 선택은 뭐니 뭐니 해도 예수님을 나의 구주로 선택한 것과 매일매일 생활에서 말씀에 순종하며 사는 믿음의 생활인 것입니다. 예배에 참여하는 것이 또한 슬기입니다. 믿음의 성령님의 등잔불이 활활 타오르고 우리의 신랑이신 예수님께서 우리와 함께 임재하고 계십니다.

"두 세 사람이 내 이름으로 모인 곳에는 나도 그들 중에 있느니라"(마 18:20).

민첩하고 부지런한 신부

슬기 있는 처녀들과 미련한 처녀들의 차이는 지혜와 노력입니다. 신랑이 밤중에 언제 올지도 모르는 상황에서 등불의 기름도 예비하지 않고 잠을 잔다는 것은 있을 수 없는 일입니다. 행복한 결혼생활을 진심으로 바라는 슬기로운 처녀라고 하면 정신을 바짝 차리고 비록 밤늦게 오는 신랑일지라도 등불을 켜 들고 기다릴 것입니다. 일생에 한 번 있는 만남을 소홀히 함으로써 낭패를 자초해서야 되겠습니까! 그것은 참으로 어리석은 일입니다.

예수님께서 주시고자 하는 교훈은 매일 매일의 생활이 그야말로 기회라고 할 수 있다는 것입니다. 때로는 나 자신이 다른 사람들에게 어떤 기회를 제공하는 대상이 될 수도 있고, 다른 사람들이 나의 기회의 대상일 수도 있습니다. 중요한 것은 내게 기회가 주어졌을 때 민첩하게 포착해야 하는 것입니다. 확실하고 적절한 대상이 틀림없을 때 민첩한 선택이 중요합니다.

사무엘상 25장에는 미련한 사람 나발이 나오는데 그의 아내 아비가일은 민첩하고 지혜로운 여자였습니다. 그 당시 다윗은 사울왕의 핍박으로 은신생활을 하며 지내고 있었는데 산 중에 사는 아비가일의 집으로 찾아갔을 때 아비가일은 다윗을 왕같이 선대해 주었습니다. 그 후 다윗은 슬기롭고 지혜로운 아비가일을 아내로 선택하게 되지요. 결국 아비가일은 민첩하고 슬기 있는 판단과 행동으로 다윗왕의 왕비로 선택을 받게 된 것입니다.

우리 그리스도인들은 예수님의 재림을 앞두고 지혜롭게, 슬기롭게 살아야 합니다. 세상 잠에 빠지면 안 됩니다. 등불을 밝혀야 합니다. 말세의 밤은 점점 깊어가고 있습니다. 우리들은 예수님 맞을 준비를 하면서 살아야 합니다. 성결하고 깨어있는 믿음생활을 해야 합니다. 언제 예수님이 오시더라도 반가이 맞이할 수 있어야 합니다. 또한 우리 그리스도인들은 주어지는 모든 기회를 슬기롭게, 민첩하게 활용하며 살아야 합니다. 복음전도의 기회로 삼아야 합니다. 우리에게 주어지는 모든 기회를 복음전도의 기회로 사용합시다.

"주께서 호령과 천사장의 소리와 하나님의 나팔로 친히 하늘로 좇아 강림하시리니 그리스도 안에서 죽은 자들이 먼저 일어나고 그 후에 우리 살아남은 자도 저희와 함께 구름 속으로 끌어 올려 공중에서 주를 영접하게 하시리니 그리하여 우리가 항상 주와 함께 있으리라 그러므로 이 여러 말로 서로 위로하라"(살전 4:16-18).

재림을 고대하는 신부
때가 점점 가까이 다가오고 있습니다.

"볼지어다 내가 문 밖에 서서 두드리노니 누구든지 내 음성을 듣고 문을 열면 내가 그에게로 들어가 그로 더불어 먹고 그는 나로 더불어 먹으리라 이기는 그에게는 내가 내 보좌에 함께 앉게 하여 주기를 내가 이기고 아버지 보좌에 함께 앉은 것과 같이 하리라 귀 있는 자는 성령이 교회들에게 하시는 말씀을 들을지어다"(계 3:20-22).

예수님의 재림이 얼마나 가까이 다가왔는지 아무도 정확하게 말할 수는 없지만 가까이 다가오고 있음을 알 수가 있습니다. 요한계시록 2-3장에는 일곱 교회들의 활동과 특징들에 관해서 기록하고 있는데 이들 일곱 교회들은 초대교회로부터 예수님께서 재림하시게 될 마지막 시대까지의 교회들의 특성과 활동을 시대별로 예언하신 것입니다.

캐롤 박사의 저서인 '피흘린 발자취'에 의하면 에베소교회는 AD 96~200년, 서머나교회는 AD 200~325년, 버가모교회는 AD 325~500년, 두아디라교회는 AD 500~1200년, 사데교회는 AD 1000~1500년, 빌라델비아교회는 AD 1500~1900년, 라오디게아교회는 AD 1900~말세까지라고 이야기하고 있습니다. 마지막 교회가 라오디게아교회인데 이 교회가 말세지말(末世之末)의 교회들을 상징합니다.

"라오디게아 교회의 사자에게 편지하기를 아멘이시요 충성되고 참된 증인이시요 하나님의 창조의 근본이신 이가 가라사대 내가 네 행위를 아노니 네가 차지도 아니하고 더웁지도 아니하도다 네가 차든지 더웁든지 하기를 원하노라 네가 이같이 미지근하여 더웁지도 아니하고 차지도 아니하니 내 입에서 너를 토하여 내치리라 네가 말하기를 나는 부자라 부요하여 부족한 것이 없다 하나 네 곤고한 것과 가련한 것과 가난한 것과 눈먼 것과 벌거벗은 것을 알지 못하도다 내가 너를 권하노니 내게서 불로 연단한 금을 사서 부요하게 하고 흰 옷을 사서 입어 벌거벗은 수치를 보이지 않게 하고 안약을 사서 눈에 발라 보게 하라"(계 3:14-18).

라오디게아 교회, 즉 예수님 재림 직전의 교회들의 특징을 보면 다음과 같습니다.
- 교회들의 외형적 규모가 크다.
- 재정적으로 부자이다. 부족함이 없다.
- 그러나 믿음은 미지근하다. 자만에 빠져 있다.
- 영적으로 연단되어 있지 않고, 소경에 가깝다.

그러므로 예수님의 노크소리를 듣지 못하는 교회입니다.

라오디게아교회는 미련한 다섯 처녀와 같은 교회들입니다. 깨어 있지 못하고, 등불도 꺼져 있으며, 기름도 예비하지 못한 상태의 교회입니다. 회개하고 열심을 내지 아니하면 책망과 징계를 피할 수 없는 나태한 교회입니다.

예수님께서 실제로 재림하실 때에도 많은 교회와 성도들이 천사장의 소리와 주님의 호령을 듣고서야 잠에서 깨어 등을 찾고 기름을 찾는 등 허둥댈 것입니다. 다섯 처녀가 미련했듯이 말입니다. 우리 한국의 교회들은 예수께서 라오디게아교회에 책망하시는 권고의 말씀을 두려워하는 심령으로 경계를 받아야할 줄로 믿습니다. 교회 건물의 규모가 크고, 성도들의 수가 많은 것은 얼마나 좋은 일입니까. 교회헌금이 풍성한 것도 얼마나 좋은 일입니까. 그러나 교회는 성도들의 수나 헌금보다도 더 중요한 것이 항상 깨어 있어야 하는 일입니다.

구원받은 성도들은 누구나 할 것 없이 예수님의 재림을 대비해야 합니다. 재림을 약속하신 우리 예수님은 언제라도 재림하실 수 있습니다. 최선의 깨어있는 신앙생활은 기도하며 복음전도에 힘쓰는 것입니다. 빌라델비아교회처럼 말입니다. 라오디게아교회는 예수님의 재림에 대비함이 없는 교회였습니다. 그래서 예수님께서 회개를 촉구하며 눈을 뜨라고 경고하셨습니다. 우리는 항상 기도에 힘쓰며 빌라델비아교회처럼 복음전도에 힘씀으로써 주님을 맞을 준비가 되어 있어야 합니다.

"빌라델비아 교회의 사자에게 편지하기를 거룩하고 진실하사 다윗의 열쇠를 가지신 이 곧 열면 닫을 사람이 없고 닫으면 열 사람이 없는 그이가 가라사대 볼지어다 내가 네 앞에 열린 문을 두었으되 능히 닫을 사람이 없으리라 내가 네 행위를 아노니 네가 적은 능력을 가지고도 내 말을 지키며 내 이름을 배반치 아니하였도다"(계 3:7-8).

사랑하는 성도 여러분!
예수님의 재림은 임박했습니다. 우리의 주님이시며, 우리의 신랑되시는 예수님을 어떻게 맞이할 것인지는 전적으로 우리들의 믿음에 달려 있습니다. 마태복음 25장의 슬기로운 처녀들처럼 믿음의 등불을 밝게 켜 들고 맞이하기 위해서는 성령과 진리로 충만해야 합니다. 슬기로운 처녀들과 미련한 처녀들의 결과를 보십시오.

"신랑이 더디 오므로 다 졸며 잘새 밤중에 소리가 나되 보라 신랑이로다 맞으러 나오라 하매 이에 그 처녀들이 다 일어나 등을 준비할새 미련한 자들이 슬기 있는 자들에게 이르되 우리 등불이 꺼져가니 너희 기름을 좀 나눠 달라 하거늘 슬기 있는 자들이 대답하여 가로되 우리와 너희의 쓰기에 다 부족할까 하노니 차라리 파는 자들에게 가서 너희 쓸 것을 사라 하니 저희가 사러 간 동안에 신랑이 오므로 예비하였던 자들은 함께 혼인 잔치에 들어가고 문은 닫힌지라 그 후에 남은 처녀들이 와서 가로되 주여 주여 우리에게 열어 주소서 대답하여 가로되 진실로 너희에게 이르노니 내가 너희를 알지 못하노라 하였느니라 그런즉 깨어 있으라 너희는 그 날과 그 시를 알지 못하느니라"(마 25:5-13).

예수님은 오늘 오실 수도 있고, 언제라도 오실 수 있습니다. 어느 때 오시더라도 반가이 맞이하기 위해서는 믿음의 등불이 밝게 켜져 있어야 합니다. 절대로 심령이 졸면 안 됩니다. 내가 조느냐, 안 조느냐의 결정은 자신이 할 수 있습니다. 그것은 집회에 충실하면 됩니다. 깰 때가 바로 이 시대인 것입니다.

"볼지어다 내가 문 밖에 서서 두드리노니 누구든지 내 음성을 듣고 문을 열면 내가 그에게로 들어가 그로 더불어 먹고 그는 나로 더불어 먹으리라 이기는 그에게는 내가 내 보좌에 함께 앉게 하여 주기를 내가 이기고 아버지 보좌에 함께 앉은 것과 같이 하리라 귀 있는 자는 성령이 교회들에게 하시는 말씀을 들을 지어다"(계 3:20-22).

내가 현재 슬기로운 처녀인지, 아니면 미련한 처녀인지를 자문자답하면서 심령이 성령과 진리로 항상 충만해야겠습니다. 슬기로운 처녀의 믿음을 지키며 항상 깨어있는 성도님들이 되시기를 바랍니다.

4

예수 그리스도의
공중재림

"보라 내가 너희에게 비밀을 말하노니 우리가 다 잠잘 것이 아니요 마지막 나팔에 순식간에 홀연히 다 변화하리니 나팔 소리가 나매 죽은 자들이 썩지 아니할 것으로 다시 살고 우리도 변화하리라 이 썩을 것이 불가불 썩지 아니할 것을 입겠고 이 죽을 것이 죽지 아니함을 입으리로다 이 썩을 것이 썩지 아니함을 입고 이 죽을 것이 죽지 아니함을 입을 때에는 사망이 이김의 삼킨 바 되리라고 기록된 말씀이 응하리라"(고전 15:51-54).

"주께서 호령과 천사장의 소리와 하나님의 나팔로 친히 하늘로 좇아 강림하시리니 그리스도 안에서 죽은 자들이 먼저 일어나고 그 후에 우리 살아 남은 자도 저희와 함께 구름 속으로 끌어 올려 공중에서 주를 영접하게 하시리니 그리하여 우리가 항상 주와 함께 있으리라 그러므로 이 여러 말로 서로 위로하라"(살전 4:16-18).

예수 그리스도께서는 사랑하는 제자들에게 다시 오시겠다는 말씀을 수차 하셨습니다. 그 당시 예수님의 제자들이 그 약속의 말씀을 어느 정도로 진지하게 듣고 믿었는지 알 수 없지만, 성령님의 감동하심으로 기록된 신약성경이 완성되면서 예수님의 재림에 관한 예언과 먼저 공중으로 재림하신다는 사실들이 밝혀지게 되었습니다. 예수님의 몸된 교회들이 이 세상에 서게 되면서 우리 주님의 재림은 확고부동한 신앙이 되었고, 주님을 믿는 성도들에게 형언할 수 없는 소망을 품게 해 주었습니다. 그리고 예수께서 다시 오시겠다는 재림의 약속은 천 년, 천오백 년, 세월이 흐를수록 변하는 세상과 예언이 맞아 떨어짐으로써 예수님의 재림에 대한 성도들의 확신은 더 확고부동해졌을 뿐만 아니라 옛날 데살로니가교회처럼 그 날을 사모하고 고대하면서 소망 중에 살게 되었습니다.

성경에 예수 그리스도의 재림에 관한 예언, 약속이 없다면 부활도 없고, 부활이 없다면 금생뿐이라는 뜻인데 그렇다면 예수 믿는 믿음은 헛것이 되는 것입니다. 그러나 예수 그리스도를 믿는 믿음이 헛것이 아닌 것은 그를 믿는 자들에게 영생을 주셨으므로 우리는 예수께서 재림하실 때 부활하여 주님과 함께 영원히 있게 되는 것입니다. 사도 바울은 고린도전서 15장에서 예수 그리스도의 재림과 성도들의 부활을 증언하면서 "만일 그리스도 안에서 우리의 바라는 것이 다만 금생뿐이면 모든 사람 가운데 우리가 더욱 불쌍한 자리라!"라고 하였습니다. 부활의 복음을 위하여 자신을 산제사로 드린 사도 바울의 증언입니다.

예수께서 먼저 공중으로 재림

성경을 잘 읽어보면 예수님께서 이 세상에 다시 오실 때에는 예루살렘 감람산으로 바로 오시는 것이 아니요, 일단은 먼저 공중으로 재림하신다고 기록되어 있습니다. 예수께서 공중으로 재림하시면 성도들이 부활과 동시에 공중으로 들림 받아 주님 앞에 서게 될 것이고, 지상으로 재림하실 때에는 예루살렘을 중심으로 지형에 변화가 있게 될 것입니다.

예루살렘 주변의 변동

"그 날에 그의 발이 예루살렘 앞 곧 동편 감람산에 서실 것이요 감람산은 그 한가운데가 동서로 갈라져 매우 큰 골짜기가 되어서 산 절반은 북으로 절반은 남으로 옮기고 그 산 골짜기는 아셀까지 미칠지라 너희가 그의 산골짜기로 도망하되 유다 왕 웃시야 때에 지진을 피하여 도망하던 것 같이 하리라 나의 하나님 여호와께서 임하실 것이요 모든 거룩한 자가 주와 함께 하리라 그 날에는 빛이 없겠고 광명한 자들이 떠날 것이라 여호와의 아시는 한 날이 있으리니 낮도 아니요 밤도 아니라 어두워 갈 때에 빛이 있으리로다 그 날에 생수가 예루살렘에서 솟아나서 절반은 동해로, 절반은 서해로 흐를 것이라 여름에도 겨울에도 그러하리라"(슥 14:4-8).

먼저 공중으로 재림하신 주님은 성도들과 공중에서 7년 정도 체류하신 후 새롭게 개벽된 새 예루살렘으로 성도들과 함께 강림하게 될 것입니다.

구원받은 성도들의 들림 받음

예수께서 공중으로 재림하시는 그 날, 구원받은 성도들은 산 사람이나 죽어 몸이 땅에 묻혀 있는 사람들이나 공중에서 들려오는 하나님의 나팔소리와 주님의 호령 "이리로 올라오너라!" 하시는 큰 음성을 듣게 될 것입니다. 그리고 그 순간, 홀연히 부활하여 순식간에 공중으로 이끌려 올라가 우리 주님 앞에 서게 될 것입니다. 우리 주님의 호령에는 창조적인 권능이 역사하신다는 것을 믿으십니까?

"주께서 호령과 천사장의 소리와 하나님의 나팔로 친히 하늘로 좇아 강림하시리니 그리스도 안에서 죽은 자들이 먼저 일어나고, 그 후에 우리 살아남은 자도 저희와 함께 구름 속으로 끌어 올려 공중에서 주를 영접하게 하시리니 그리하여 우리가 항상 주와 함께 있으리라. 그러므로 이여러 말로 서로 위로하라"(살전 4:16-18).

"형제들아, 우리가 너희에게 구하는 것은 우리 주 예수 그리스도의 강림하심과 우리가 그 앞에 모임에 관하여"(살후 2:1).

예수께서 재림하시게 되면 구원받은 모든 성도들은 부활하여 주님 앞에 서게 되는데 그것은 제가 지어낸 말이 아닙니다. 옛날부터 성경에 기록되어 있는 예언입니다. 하나님을 경외하는 지혜로운 성도라면 그 날을 명심하고 신앙생활을 잘 해야 합니다. 언제 주님께서 공중에 재림하실지 우리들은 알 수가 없기 때문입니다.

"이는 우리가 다 반드시 그리스도의 심판대 앞에 드러나 각각 선악간에 그 몸으로 행한 것을 따라 받으려 함이라"(고후 5:10).

성도들의 부활과 들림 받는 감격

예수님께서 공중으로 재림하시면 성도들은 순식간에 부활하여 공중으로 들림을 받아 예수님 앞에 서게 된다고 하였습니다.

"보라! 내가 너희에게 비밀을 말하노니 우리가 다 잠 잘 것이 아니요, 마지막 나팔에 순식간에 홀연히 다 변화하리니 나팔소리가 나매 죽은 자들이 썩지 아니할 것으로 다시 살고 우리도 변화하리라"(고전 15:51-52).

"부활 때에는 장가도 아니가고 시집도 아니가고 하늘에 있는 천사들과 같으니라"(마 22:30).

"주께서 호령과 천사장의 소리와 하나님의 나팔로 친히 하늘로 좇아 강림하시리니 그리스도 안에서 죽은 자들이 먼저 일어나고 그 후에 살아남은 자도 저희와 함께 구름 속으로 끌어 올려 공중에서 주를 영접하게 하시리니 그리하여 우리가 항상 주와 함께 있으리라. 그러므로 이 여러 말로 서로 위로하라"(살전 4:16-18).

그 날이 오면 순식간에 이렇게 진행될 것입니다.
- 주님의 호령과 천사장의 소리와 하나님의 나팔소리가 울려 퍼짐
- 먼저 주 안에서 죽은 자들, 즉 첫째 부활에 참여할 수 있는 복 받은 자들이 부활함

- 이 세상에 살고 있는 성도들은 홀연히 신령한 몸으로 변화를 받아 순식간에 구름 속으로 이끌려 공중으로 올라가서 주님을 영접하게 됨

데살로니가전서 4장 18절 끝부분에 "그러므로 이 여러 말로 서로 위로하라!"라고 하였습니다. 그 날에 성도들이 겪게 될 일들은 꿈속에서조차 꿀 수 없는 참으로 신기한 사건이 아닐 수 없습니다. 그래서 "이 여러 말로 서로 위로하라!"고 말씀하시는 것입니다. 서로 그때 일어날 일들을 상상하면서 위로하고 기쁨을 나누라는 것입니다. 애벌레가 성충이 되면 한 마리의 파란 잠자리가 되어, 나비가 되어 하늘을 날아다닙니다. 하늘을 나는 저들의 감격, 저들의 기쁨을 상상해 보시기 바랍니다. 고린도전서 15장 51절 말씀과 데살로니가전서 4장 16-18절의 말씀을 보면 구원받은 모든 성도들은 누구나 할 것 없이 우리 주님의 권능의 호령이신 "이리로 올라오너라!" 하는 명령에 의해서 순식간에 부활, 또는 홀연히 변화하여 공중 구름 속으로 이끌려 올라가서 우리 주님을 영접하게 될 터인데, 그 날 그 순간의 기쁨과 감격을 어떻게 표현할 수 있겠습니까!

이것은 영광, 기쁨, 감격, 황홀함이란 말 외에 다른 표현을 할 수 없습니다. 우리말로는 '들림받음' 혹은 '공중휴거' 등으로 설명을 하고 있습니다만 영어로는 훨씬 놀라운 표현을 사용하고 있는데 'rapture'라고 합니다. 이 말의 뜻은 광희(狂喜:미칠 광, 기쁠 희) 즉 '기뻐서 미칠 지경'이란 뜻입니다. 영어가 훨씬 실감나지 않습니까? 그 날이 빨리 왔으면 좋겠습니다.

이와 같은 표현들이 결코 과장이 아닙니다. 주 안에서 죽은 모든 성도들과 살아있는 모든 성도들이 하늘에서 들려오는 호령과 하나님의 나팔소리를 듣는 순간, 하나님의 권능으로 신령한 몸으로 변화하여 순식간에 공중 구름 속으로 이끌려 올라가서 우리 주님을 영접하게 되는데 광희(狂喜)가 아니고 무엇이겠습니까!

그래서 저는 이 찬송가를 좋아합니다.

"주 오늘 오실지 기쁜 그 날 나 주를 만나리
주 오늘 오신다면 내 고통 다 끝나리
기쁜 그 날 얼마나 기쁠까 내 주 예수 곧 만나리
주님이 나를 맞으리 기쁜 그 날 얼마나 기쁠까!"

하나님께서 지옥의 영벌에서 구원해 주시고, 천국이 아니더라도 이 세상에서 한 평생 살다가 한줌의 흙으로 돌아가도록 해주어도 감사한데 하나님의 나라, 천국에서 영생하게 해주시니 얼마나 감사한지요! 이 세상에 사는 동안 하나님을 진심으로 경외하며, 우리 예수님께서 성취하신 십자가의 공로로 말미암는 복음을 힘껏 증거하는 수고를 통하여 은혜에 보답하십시다. 그리고 예수님의 재림을 간절히 사모하면서 세상의 고난도 잘 참고 견디면서 감사하는 믿음으로 사십시다. 예수님의 재림은 매우 임박했습니다.

예수님을 구주로 영접하셨습니까?
예수님을 여러분의 구주로 영접하여 주님 맞을 준비를 하십시오!
이 보다 더 시급하고 귀중한 일은 없습니다.

두 종류의 부활

부활에는 두 종류의 부활이 있음을 알고 계십니까?

성경에 의하면 두 종류의 부활이 있는데 첫 번째 부활이 있고, 두 번째 부활이 있다고 기록되어 있습니다.

"또 인자됨을 인하여 심판하는 권세를 주셨느니라. 이를 기이히 여기지 말라. 무덤 속에 있는 자가 다 그의 음성을 들을 때가 오나니 선한 일을 행한 자는 생명의 부활로, 악한 일을 행한 자는 심판의 부활로 나오리라" (요 5:27-29).

첫 번째 부활은 구원받은 성도들의 부활, 또는 의인들의 부활이라고 하는데 이 부활은 예수님께서 공중으로 재림하실 때 이루어지는 영광스런 부활입니다.

두 번째 부활은 하나님께서 인간들을 위한 모든 계획들을 다 성취하신 후, 대략 1,000년쯤 후에 최종적으로 하나님께서 인간들의 죄로 인하여 더러워진 모든 피조물들을 불로 소멸하기 전에, 죄 사함 받지 못하고 죽은 모든 인생들을 부활시켜서 영영한 불 못에서 영벌을 주기 위한 저주의 부활입니다. 이 두 번째 부활은 원래 마귀사단을 벌주기 위하여 만든 영영한 불 못에 마귀를 따랐던 사람들을 던져 넣기 위한 부활입니다.

"두려워하는 자들과 믿지 아니하는 자들과 흉악한 자들과 살인자들과 행음자들과 술객들과 우상숭배자들과 모든 거짓말하는 자들은 불과 유황으로 타는 못에 참예하리니 이것이 둘째 사망이라"(계 21:8).

사랑하는 독자 여러분! 아무도 이 두 번째 부활에 해당되는 사람들이 되면 안 됩니다. 예수님께로 속히 피하시기 바랍니다.

공중으로 재림하시는 목적

"이는 우리가 다 반드시 그리스도의 심판대 앞에 드러나 각각 선악간에 그 몸으로 행한 것을 따라 받으려 함이라"(고후 5:10).

이 말씀을 이루시기 위하여 공중으로 먼저 재림하시는 것입니다. 예수님께서 공중으로 재림하시는 목적은 두 가지가 있습니다. 예수님의 재림으로 수천 년 동안 계속 되어온 복음 전도의 시대, 은혜의 시대, 교회의 시대는 이제 막을 내리고, 수천 년 동안 복음 전도를 위해 수고한 성도들의 공력들을 밝히며, 죽도록 충성한 성도들에게는 큰 칭찬과 상급을 주시는 것입니다. 이 날에 크신 위로와 면류관을 받아쓰는 성도들이 있을 것이고, 반면에 엄하신 책망을 받는 성도들도 있을 것입니다. 이 날을 위해서 마태복음 25장의 달란트 비유, 20장의 품꾼의 비유 등으로 주님의 일에 충성할 것을 가르쳐 주셨습니다.

"만일 누구든지 금이나 은이나 보석이나 나무나 풀이나 짚으로 이 터 위에 세우면 각각 공력이 나타날 터인데 그 날이 공력을 밝히리니 이는 불로 나타내고 그 불이 각 사람의 공력이 어떠한 것을 시험할 것임이니라 만일 누구든지 그 위에 세운 공력이 그대로 있으면 상을 받고 누구든지 공력이 불타면 해를 받으리니 그러나 자기는 구원을 얻되 불 가운데서 얻은 것 같으리라"(고전 3:12-15).

예수님의 공중 재림은 매우 가까웠습니다.

그 날에 우리들이 예수님 앞에 어떠한 성도로 서느냐 하는 것은 전적으로 현재 나의 믿음 생활에 달려있습니다.

성도 여러분! 그 날을 생각하면서 매일매일 작은 일에도 즐겁게 충성하면서 살아갑시다. 성도들의 심판이 끝나면 우리 주님과 함께 모든 성도들이 하나님의 평안과 풍성한 안식을 누리게 될 것입니다.

"환난 받는 너희에게는 우리와 함께 안식으로 갚으시는 것이 하나님의 공의시니"(살후 1:7상).

공중재림 중 세상은 대환난기

공중에서 성도들이 예수 그리스도와 함께 7년간을 함께 지내는 동안 지상에서는 무슨 일들이 일어날까요?

공중에서 예수님과 함께 성도들이 안식하는 동안 지상에서는 완전히 상반되는 대 환난을 겪게 될 것입니다.

● 7년 전반 중에 이스라엘 백성들이 환난 중 구원받음

옛날 이스라엘 백성들은 자기들의 메시아를 알아보지 못하고 배척하여 십자가에 못 박아 처형했습니다. 그 뿐만 아니라 복음을 전하는 사도들과 교회의 성도들을 크게 핍박했습니다. 그러나 공의의 하나님께서는 아브라함과의 언약을 생각하시고 그들을 구원해 주시되 환난 중에서 구원해 주시는 것입니다.

"너희로 환난 받게 하는 자들에게는 환난으로 갚으시고"(살후 1:6).

"형제들아 너희가 스스로 지혜 있다 함을 면키 위하여 이 비밀을 너희가 모르기를 내가 원치 아니하노니 이 비밀은 이방인의 충만한 수가 들어오기까지 이스라엘의 더러는 완악하게 된 것이라 그리하여 온 이스라엘이 구원을 얻으리라 기록된 바 구원자가 시온에서 오사 야곱에게서 경건치 않은 것을 돌이키시겠고 내가 저희 죄를 없이 할 때에 저희에게 이루어질 내 언약이 이것이라 함과 같으니라 복음으로 하면 저희가 너희를 인하여 원수된 자요 택하심으로 하면 조상들을 인하여 사랑을 입은 자라 하나님의 은사와 부르심에는 후회하심이 없느니라 너희가 전에 하나님께 순종치 아니하더니 이스라엘의 순종치 아니함으로 이제 긍휼을 입었는지라 이와 같이 이 사람들이 순종치 아니하니 이는 너희에게 베푸시는 긍휼로 이제 저희도 긍휼을 얻게 하려 하심이니라 하나님이 모든 사람을 순종치 아니하는 가운데 가두어 두심은 모든 사람에게 긍휼을 베풀려 하심이로다 깊도다 하나님의 지혜와 지식의 부요함이여 그의 판단은 측량치 못할 것이며 그의 길은 찾지 못할 것이로다"(롬 11:25-33).

그러나 하나님께서 먼저 이방인들의 충만한 수가 구원받기까지 저들을 완악한 상태로 있게 한 후 저들에게도 긍휼을 입게 하신다고 말씀하셨습니다. 요한계시록 7장에 나오는 14만 4천명은 대환난중의 이스라엘 사람들을 위한 전도자들입니다. 이스라엘 사람들을 위한 전도와 구령은 요한계시록 7장에만 기록되어 있는데 셀 수 없는 큰 무리들이 구원을 받고 예수님을 찬양하는 것을 볼 수 있습니다. 하나님께서는 이 세상 어딘가에서 14만 4천명의 전도자들을

양성하고 있을 것으로 저는 믿고 있습니다. (예 : 미국 테네시주 챠타누가의 유대인복음전도단체)

● 후반 대환난은 멸망적

요한계시록 6-16장에 기록된 말씀에 의하면 7년 대환난기는 현재의 인간들로서는 상상조차 할 수 없는 무서운 재앙들로 인해서 대환난을 겪는 기간입니다.

하나님의 진노는

- 일곱 개의 인을 뗄 때마다의 재앙
- 일곱 나팔을 불 때마다의 재앙
- 일곱 대접을 쏟을 때마다의 재앙

이렇게 세 종류 21가지의 재앙들이 천사들의 신호에 의해서 7년 간, 밤이고 낮이고 쉴 새 없이 쏟아지는데 지금까지 이 세상에서 경험해본 적이 없는 진노의 재앙들입니다. 요한계시록 6-16장에 걸쳐서 기록되어 있는데 한 번 읽어 보시기 바랍니다.

16장 이후에 일곱 대접의 재앙에서 '아마겟돈 전쟁'과 '바벨론성의 멸망'과 그리고 '마귀사단의 투옥'으로 대환난은 끝이 나게 되는데 그 기간이 7년 동안 일어날 것이라고 해서 '7년 대환난'이라고 합니다. 요한계시록은 7의 수의 예언책입니다. (아마겟돈 전쟁과 큰 성 바벨론의 멸망과 그리고 온 세상을 미혹한 마귀사단 등에 관해서는 별도의 해석이 필요함으로 여기서는 설명을 생략합니다.)

'요한계시록'은 책명이 암시하듯이 장차 될 일들을 계시로 예언한 책이니 만큼 성경 66권중에서 가장 해석하기 어려운 책입니다.

그러므로 위에서 말씀드린 것은 어디까지나 저의 개인적인 확신이라는 점을 이해해 주시기 바랍니다.

"이 예언의 말씀을 읽는 자와 듣는 자들과 그 가운데 기록한 것을 지키는 자들이 복이 있나니 때가 가까움이라"(계 1:3).

예수님의 재림을 대비합시다.

5

주의 지상재림과 천년왕국

"그 때에 인자의 징조가 하늘에서 보이겠고 그 때에 땅의 모든 족속들이 통곡하며 그들이 인자가 구름을 타고 능력과 큰 영광으로 오는 것을 보리라 저가 큰 나팔소리와 함께 천사들을 보내리니 저희가 그 택하신 자들을 하늘 이 끝에서 저 끝까지 사방에서 모으리라"(마 24:30-31).

"그 날에 그의 발이 예루살렘 앞 곧 동편 감람산에 서실 것이요 감람산은 그 한가운데가 동서로 갈라져 매우 큰 골짜기가 되어서 산 절반은 북으로, 절반은 남으로 옮기고 그 산 골짜기는 아셀까지 미칠지라 너희가 그의 산 골짜기로 도망하되 유다 왕 웃시야 때에 지진을 피하여 도망하던 것 같이 하리라 나의 하나님 여호와께서 임하실 것이요 모든 거룩한 자가 주와 함께 하리라 그 날에는 빛이 없겠고 광명한 자들이 떠날 것이라 여호와의 아시는 한 날이 있으리니 낮도 아니요 밤도 아니라 어두워 갈 때에 빛이 있으리로다 그 날에 생수가 예루살렘에서 솟아나서 절반은 동해로, 절반은 서해로 흐를 것이라 여름에도 겨울에도 그러하리라 여호와께서 천하의 왕이 되시리니 그 날에는 여호와께서 홀로 하나이실 것이요 그 이름이 홀로 하나이실 것이며"(슥 14:4-9).

성경에 의하면 예수 그리스도의 재림은 2단계 재림으로 첫 번째는 공중으로, 두 번째는 지상으로 재림하신다고 기록되어 있습니다. 공중으로 먼저 오시는 목적은 구원받고 세상을 떠난 모든 성도들을 부활시키고, 또한 살아 있는 성도들을 홀연히 변화시켜서 순식간에 주님이 임재하시는 공중으로 이끌어 올려서 우리 주님 앞에 서게 하기 위함입니다.

"우리가 주의 말씀으로 너희에게 이것을 말하노니 주 강림하실 때까지 우리 살아 남아 있는 자도 자는 자보다 결단코 앞서지 못하리라 주께서 호령과 천사장의 소리와 하나님의 나팔로 친히 하늘로 좇아 강림하시리니 그리스도 안에서 죽은 자들이 먼저 일어나고 그 후에 우리 살아 남은 자도 저희와 함께 구름 속으로 끌어올려 공중에서 주를 영접하게 하시리니 그리하여 우리가 항상 주와 함께 있으리라 그러므로 이 여러 말로 서로 위로하라"(살전 4:15-18).

사실 이와 같이 놀랍고도 기이한 일들은 설명하기도 어렵고, 믿기에도 어려운 일로 들리겠지만 사실은 이 모든 일들은 하나님의 나팔소리와 함께 눈 깜박할 순간에 다 이루어질 것입니다.

"보라 내가 너희에게 비밀을 말하노니 우리가 다 잠잘 것이 아니요 마지막 나팔에 순식간에 홀연히 다 변화하리니 나팔소리가 나매 죽은 자들이 썩지 아니할 것으로 다시 살고 우리도 변화하리라"(고전 15:51-52).

오, 그 날에 공중으로 들림 받을 자들의 영광이여!

"만일 누구든지 금이나 은이나 보석이나 나무나 풀이나 짚으로 이 터 위에 세우면 각각 공력이 나타날 터인데 그 날이 공력을 밝히리니 이는 불로 나타내고 그 불이 각 사람의 공력이 어떠한 것을 시험할 것임이니라 만일 누구든지 그 위에 세운 공력이 그대로 있으면 상을 받고 누구든지 공력이 불타면 해를 받으리니 그러나 자기는 구원을 얻되 불 가운데서 얻은 것 같으리라"(고전 3:12-15).

이제 예수 그리스도께서 공중으로 들림 받은 천천만만의 성도들과 함께 지상으로 강림하시는 것과 예수께서 강림하시는 목적이 무엇인지 간략하게 성경을 근거로 말씀드리고자 합니다.

예수님의 지상 재림

예수님께서 공중재림하시는 목적이 끝나면 수차 예언하신 바대로 지상으로 강림하시게 되는 것입니다. 예수 그리스도께서 지상으로 재림하시는 목적은 이제는 천하 만민의 구주가 아닌, 심판의 주님으로서 '알파와 오메가요, 처음과 나중이요, 시작과 끝이 되시는' 예수 그리스도께서 주권행사를 하시기 위함입니다. 창조주 하나님으로서, 천지우주 만물과 사람을 친히 지으시고 세상을 친히 펴신 하나님으로서 마무리를 하시기 위해서, 대 완결을 위해서 이 세상으로 오시는 것입니다. 예수님께서 성경을 끝맺으시면서 이렇게 말씀하셨습니다.

"나는 알파와 오메가요 처음과 나중이요 시작과 끝이라"(계 22:13).

예수님께서는 약속하신 대로, 때가 되었기 때문에 창조하신 모든 것들을 완결하시기 위해서 이렇게 세상으로 오시는 것입니다.

예수님께서는 하나님이시고, 진리 그 자체이십니다.

예수님께서는 때가 되면 반드시 다시 오십니다.

예수님의 재림에 대해서는 신약성경에만 해도 직·간접적으로 200회 이상 기록되어 있습니다. 성경의 마지막 책인 요한계시록 마지막 장에서 예수님께서 재림을 약속하신 말씀을 보십시오.

"보라 내가 속히 오리니 이 책의 예언의 말씀을 지키는 자가 복이 있으리라"(계 22:7).

"보라 내가 속히 오리니 내가 줄 상이 내게 있어 각 사람에게 일한대로 갚아 주리라"(계 22:12).

"내가 진실로 속히 오리라 하시거늘 아멘 주 예수여 오시옵소서"(계 22:20).

예수님의 재림은 예수님 자신의 약속이며, 때가 되면 반드시 오십니다.

"천지는 없어지겠으나 내 말은 없어지지 아니하리라"(마 24:35).

예루살렘 감람산으로 강림

그러면 예수님은 이 세상 어디로 오실까요?

예수님께서는 하늘로 올라가셨을 때의 바로 그 자리로 오신다고 말씀하셨습니다. 그 장소는 어디일까요? 바로 예루살렘의 감람산 입니다.

"이 말씀을 마치시고 저희 보는데서 올리워 가시니 구름이 저를 가리 워 보이지 않게 하더라 올라가실 때에 제자들이 자세히 하늘을 쳐다 보 고 있는 데 흰 옷 입은 두 사람이 저희 곁에 서서 가로되 갈릴리 사람들 아 어찌하여 서서 하늘을 쳐다 보느냐 너희 가운데서 하늘로 올리우신 이 예수는 하늘로 가심을 본 그대로 오시리라 하였느니라 제자들이 감람 원이라 하는 산으로부터 예루살렘에 돌아오니 이 산은 예루살렘에서 가 까와 안식일에 가기 알맞은 길이라"(행 1:9-12).

예수님께서는 성경에 기록된 대로 감람산으로 강림하십니다.

"그 날에 그의 발이 예루살렘 앞 곧 동편 감람산에 서실 것이요"(슥 14:4).

옛날 스가랴 선지자는 지금부터 2,500여 년 전에 이렇게 예언을 했습니다. 그렇습니다. 예수님은 반드시 감람산으로 강림하십니다. 예수님께서는 영광중에 구름을 타고 오십니다. 천군 천사들과 부활 한 성도들과 함께 약속의 감람산으로 강림하시는 것입니다.

그런데 우리들이 명심해야 할 것이 있습니다.

"그 때에 사람들이 너희에게 말하되 보라 그리스도가 여기 있다 혹 저기 있다 하여도 믿지 말라 거짓 그리스도들과 거짓 선지자들이 일어나 큰 표적과 기사를 보이어 할 수만 있으면 택하신 자들도 미혹하게 하리라 보라 내가 너희에게 미리 말하였노라 그러면 사람들이 너희에게 말하되 보라 그리스도가 광야에 있다 하여도 나가지 말고 보라 골방에 있다 하여도 믿지 말라 번개가 동편에서 나서 서편까지 번쩍임 같이 인자의 임함도 그러하리라"(마 24:23-27).

말세가 가까울수록, 예수님의 재림이 임박해질수록 거짓 재림 예수가 나타나서 온갖 표적과 기사를 행하면서 세상을 미혹한다고 성경은 예언하고 있습니다. 그러나 구원받은 성도들은 절대로 미혹되지 말아야 합니다.

예수님의 재림은 공중재림이든, 지상재림이든, 절대로 성도들 몰래 오시지 않으십니다. 공중으로 재림하시건, 지상으로 재림하시건, 단 한 성도에게라도 몰래 오시지 않습니다. 예수께서 어느 때 오시든, 밤중에 오신다 해도 단 한 성도라도 착오 없이 알게 오십니다. 다만 그 때와 그 시를 모른다는 것뿐입니다. 중요한 것은 항상 깨어있는 믿음생활을 하는 것입니다.

주님의 발이 감람산에 서실 때

그 날, 우리 예수님께서 강림하시게 될 때 무슨 일들이 일어날 것인지 성경을 잘 보아야 합니다. 예수님께서 이 세상에 재림하실 때 조용히, 고요한 한밤중에 오실까요? 아닙니다. 예수님께서 만왕의 왕으로, 만주의 주로서 강림하실 때에는 하나님의 엄위와 권세와 영광을 떨치시면서, 천군천사들의 나팔소리와 찬양을 받으시면서 영광중에 강림하시는 것입니다.

"그 날 환난 후에 즉시 해가 어두워지며 달이 빛을 내지 아니하며 별들이 하늘에서 떨어지며 하늘의 권능들이 흔들리리라 그 때에 인자의 징조가 하늘에서 보이겠고 그 때에 땅의 모든 족속들이 통곡하며 그들이 인자가 구름을 타고 능력과 큰 영광으로 오는 것을 보리라"(마 24:29-30).

그 날, 예수님의 거룩하신 발이 감람산에 서시기 전에, 인간들로서는 감히 상상도 할 수 없는, 그야말로 천지가 개벽되는 장엄한 일들이 발생할 것입니다. 그것도 순식간에, 창세 때 천지만물들을 창조하실 때처럼 말입니다. 예수께서 천 년 동안 통치하시기 위한 지형정리가 예루살렘을 중심으로 순식간에 이루어질 것을 예언하셨습니다.

"그 날에 그의 발이 예루살렘 앞 곧 동편 감람산에 서실 것이요 감람산은 그 한가운데가 동서로 갈라져 매우 큰 골짜기가 되어서 산 절반은 북으로, 절반은 남으로 옮기고 그 산 골짜기는 아셀까지 미칠지라 너희가 그의 산 골짜기로 도망하되 유다 왕 웃시야 때에 지진을 피하여 도망하던 것 같이 하리라 나의 하나님 여호와께서 임하실 것이요 모든 거룩한 자가 주와 함께하리라 그 날에는 빛이 없겠고 광명한 자들이 떠날 것이라 여호와의 아시는 한 날이 있으리니 낮도 아니요 밤도 아니라 어두워 갈 때에 빛이 있으리로다 그 날에 생수가 예루살렘에서 솟아나서 절반은 동해로, 절반은 서해로 흐를 것이라 여름에도 겨울에도 그러하리라"(슥 14:4-8).

예수 그리스도는 거룩하신 하나님이십니다. 창조주 하나님이십니다. 하나님은 인간들처럼 공사를 하는 것이 아니라 말씀으로 창조를 하시는 분이십니다. 예수께서 감람산에 강림하실 때는 구원받은 성도들도 우리 주님과 함께, 수백 수천의 석관, 목관들로 덮여진 더러운 감람산으로 내려오는 것이 아니라, 새 예루살렘의 새 감람산으로 내려오는 것입니다. 그 날이 기다려집니다.

"또 내가 새 하늘과 새 땅을 보니 처음 하늘과 처음 땅이 없어졌고 바다도 다시 있지 않더라 또 내가 보매 거룩한 성 새 예루살렘이 하나님께로부터 하늘에서 내려오니 그 예비한 것이 신부가 남편을 위하여 단장한 것 같더라 내가 들으니 보좌에서 큰 음성이 나서 가로되 보라 하나님의 장막이 사람들과 함께 있으매 하나님이 저희와 함께 거하시리니 저희는 하나님의 백성이 되고 하나님은 친히 저희와 함께 계셔서"(계 21:1-3).

하늘에서 내려온 새 예루살렘성은 예수님의 통치보좌가 있는 거룩한 곳이며, 지상으로 내려온 잠정적인 천성이라 할 수 있을 것입니다.

마귀사단의 투옥

이제 그 동안 예언자들이 수천 년 전부터 예언한 예수 그리스도에 의한 천년왕국의 통치시대가 변화된 이 세상에서 열리게 되는 것입니다. 그런데 예수께서 천년동안 세상 만국을 통치하시기 전에 반드시 먼저 하실 일이 있음을 성경은 예언하고 있습니다. 그것이 무엇일까요?

그것은 천국에서 쫓겨나 공중에 자신의 보좌를 만들고 그동안 인간 세상에서 반(反) 하나님적인, 반(反) 그리스도적인 일들을 자행해 오던 '공중의 권세 잡은 자'(엡 2:2) 마귀사단을 투옥하는 일입니다.

"또 내가 보매 천사가 무저갱 열쇠와 큰 쇠사슬을 그 손에 가지고 하늘로서 내려와서 용을 잡으니 곧 옛 뱀이요 마귀요 사단이라 잡아 일천 년 동안 결박하여 무저갱에 던져 잠그고 그 위에 인봉하여 천 년이 차도록 다시는 만국을 미혹하지 못하게 하였다가 그 후에는 반드시 잠깐 놓이리라"(계 20:1-3).

거룩하신 예수 그리스도와 악한 마귀사단은 결코 공존할 수 없습니다. 빛과 어둠이 함께 할 수 없는 것처럼 말입니다. 천국에서 추락한 사단은 공중에 자신의 보좌를 마련하고 인간들의 세상으로 내려와서 아담과 하와를 비롯한 모든 인생들을 유혹하며 지옥으로 이끌고 가기 위하여 온갖 수단과 방법을 가리지 않았던 하나님의 대적자였습니다. 하나님께서 일찍이 그와 그의 졸개들을 지옥으로 던지실 수 있었지만 인간들이 하나님을 등지고 마귀의 말에 치우쳤기 때문에 그냥 세상에 둔 채 인간들에게 구원의 복음을 허락해주시고 그 복음을 듣고 믿는 자들을 구원해 주신 것입니다.

"믿음이 없이는 기쁘시게 못하나니 하나님께 나아가는 자는 반드시 그가 계신 것과 또한 그가 자기를 찾는 자들에게 상주시는 이심을 믿어야 할지니라"(히 11:6).

예수께서 만왕의 왕으로, 공의와 진리로, 친히 천하만국 만민들을 통치하시는 그리스도의 왕국에서 마귀사단과 대치하여 통치하신다는 것은 어불성설(語不成說)입니다. 그래서 예수께서 그를 잡고 천년 동안 무저갱에 던져 가두는 것입니다. 마귀가 없는 세상, 그리스도께서 통치하시는 세상은 어떠한 세상일 것 같습니까? 성경에 일찍이 예언이 나와 있습니다.

"이는 한 아기가 우리에게 났고 한 아들을 우리에게 주신 바 되었는데 그 어깨에는 정사를 메었고 그 이름은 기묘자라, 모사라, 전능하신 하나님이라, 영존하시는 아버지라, 평강의 왕이라 할 것임이라 그 정사와 평강의 더함이 무궁하며 또 다윗의 위에 앉아서 그 나라를 굳게 세우고 자금 이후 영원토록 공평과 정의로 그것을 보존하실 것이라 만군의 여호와의 열심이 이를 이루시리라"(사 9:6-7).

"이새의 줄기에서 한 싹이 나며 그 뿌리에서 한 가지가 나서 결실할 것이요 여호와의 신 곧 지혜와 총명의 신이요 모략과 재능의 신이요 지식과 여호와를 경외하는 신이 그 위에 강림하시리니 그가 여호와를 경외함으로 즐거움을 삼을 것이며 그 눈에 보이는대로 심판치 아니하며 귀에 들리는대로 판단치 아니하며 공의로 빈핍한 자를 심판하며 정직으로 세상의 겸손한 자를 판단할 것이며 그 입의 막대기로 세상을 치며 입술의 기운으로 악인을 죽일 것이며 공의로 그 허리띠를 삼으며 성실로 몸의 띠를 삼으리라"(사 11:1-5).

"그 날에 이새의 뿌리에서 한 싹이 나서 만민의 기호로 설 것이요 열

방이 그에게로 돌아오리니 그 거한 곳이 영화로우리라"(사 11:10).

(참고) 이사야 12장, 65-66장 등에서도 부분적으로 기록

예수님의 천 년 통치

예수께서 천 년 동안 모든 나라, 모든 민족, 모든 사람들을 통치하게 되시는데 예수께서는 통치자로서 분명한 원칙을 성경에 밝혀 주셨습니다.

"그 정사와 평강의 더함이 무궁하며 또 다윗의 위에 앉아서 그 나라를 굳게 세우고 자금 이후 영원토록 공평과 정의로 그것을 보존하실 것이라 만군의 하나님의 열심이 이를 이루시리라"(사 9:7).

"의와 공의가 주의 보좌의 기초라 인자함과 진실함이 주를 앞서 행하나이다"(시 89:14).

"열방 중에서는 이르기를 여호와께서 통치하시니 세계가 굳게 서고 흔들리지 못할지라 저가 만민을 공평히 판단하시리라 할지로다"(시 96:10).

"저가 임하시되 땅을 판단하려 임하실 것임이라 저가 의로 세계를 판단하시며 그의 진실하심으로 백성을 판단하시리로다"(시 96:13).

"저가 땅을 판단하려 임하실 것임이로다 저가 의로 세계를 판단하시며 공평으로 그 백성을 판단하시리로다"(시 98:9).

예수님의 통치 원리는 정직, 정의, 공의, 진실, 공평 등입니다. 예수님께서는 이러한 원칙하에 통치를 하시게 될 것입니다.

통치의 실제 대상자들은 그 당시에 살아 있는 모든 비그리스도인들이 될 것입니다. 그 때는 오직 예수 그리스도만이 통치자이시며, 그 외에는 오로지 피지배자들로 존재할 뿐입니다. 복음을 듣고도 구원받기를 거부함으로써 하나님의 말씀에 불순종하고 임의로 살아가는 모든 사람들을 하나님의 기준인 정직, 정의, 공의, 진실, 공평 등의 원칙에 입각한 삶을 강제적으로 살게 함으로써 하나님의 뜻을 성취하시는 것입니다. 본질적으로 죄인인 인간으로서 도저히 하나님이 정한 기준의 삶을 살 수 없지만 예수께서 철장으로 다스리시면서 천 년 동안 살게 하시는 것입니다. 다행히도 아직은 예수님의 통치시대가 아닙니다. 예수님을 당신의 구주로 받아들이고 성령의 도우심을 받아 하나님 말씀에 순종하는 삶을 통해 하나님께 영광 돌리는 삶을 사시기 바랍니다.

"또 내가 하늘이 열린 것을 보니 보라 백마와 탄 자가 있으니 그 이름은 충신과 진실이라 그가 공의로 심판하며 싸우더라 그 눈이 불꽃 같고 그 머리에 많은 면류관이 있고 또 이름 쓴 것이 하나가 있으니 자기 밖에 아는 자가 없고 또 그가 피 뿌린 옷을 입었는데 그 이름은 하나님의 말씀이라 칭하더라 하늘에 있는 군대들이 희고 깨끗한 세마포를 입고 백마를 타고 그를 따르더라 그의 입에서 이한 검이 나오니 그것으로 만국을 치겠고 친히 저희를 철장으로 다스리며 또 친히 하나님 곧 전능하신 이의 맹렬한 진노의 포도주 틀을 밟겠고 그 옷과 그 다리에 이름 쓴 것이 있으니 만왕의 왕이요 만주의 주라 하였더라"(계 19:11-16).

저는 이렇게 진노하신 예수님의 모습을 성경 다른 곳에서는 찾아볼 수가 없습니다. 복음을 듣고도 죄 사함 받지 못한 자들에게 예수님의 진노는 두려운 것입니다.

그러면 성도들은 어떻게 될까요?
예수님과 함께 천 년간 통치에 참여하게 됩니다.

"이 첫째 부활에 참예하는 자들은 복이 있고 거룩하도다. 둘째 사망이 그들을 다스리는 권세가 없고 도리어 그들이 하나님과 그리스도의 제사장이 되어 천년 동안 그리스도로 더불어 왕노릇 하리라"(계 20:6).

천 년간의 통치를 통해서 하나님의 창조하신 목적을 달성하여 하나님께 영광을 돌리게 되는 것입니다. 그리고 나라를 바치게 되는 것입니다.

"그 후에는 나중이니 저가 모든 정사와 모든 권세와 능력을 멸하시고 나라를 아버지 하나님께 바칠 때라"(고전 15:24).

이 말씀을 읽는 분들 중에 아직도 예수 그리스도를 자신의 구주로 영접하지 않고 있는 분들이 계시다면 이 시간에 꼭 예수님을 구주로 영접하시기 바랍니다.
예수님의 재림은 쉬지 않고 다가오고 있습니다.
하나님은 아무도 멸망당하는 것을 원치 않습니다.
하나님께서는 모든 사람들이 구원받게 되기를 하루를 천 년 같이 참으시는 분이십니다. 천년왕국의 징치나 지옥의 영벌은 구원을 거부하기 때문에 있는 것입니다.

"사랑하는 자들아 주께는 하루가 천년 같고 천년이 하루 같은 이 한 가지를 잊지 말라 주의 약속은 어떤 이의 더디다고 생각하는 것 같이 더딘 것이 아니라 오직 너희를 대하여 오래 참으사 아무도 멸망치 않고 다 회개하기에 이르기를 원하시느니라"(벤후 3:8–9).

6

새 예루살렘성의
영광과 장관

"또 내가 새 하늘과 새 땅을 보니 처음 하늘과 처음 땅이 없어졌고 바다도 다시 있지 않더라 또 내가 보매 거룩한 성 새 예루살렘이 하나님께로부터 하늘에서 내려오니 그 예비한 것이 신부가 남편을 위하여 단장한 것 같더라 내가 들으니 보좌에서 큰 음성이 나서 가로되 보라 하나님의 장막이 사람들과 함께 있으매 하나님이 저희와 함께 거하시리니 저희는 하나님의 백성이 되고 하나님은 친히 저희와 함께 계셔서 모든 눈물을 그 눈에서 씻기시매 다시 사망이 없고 애통하는 것이나 곡하는 것이나 아픈 것이 다시 있지 아니하리니 처음 것들이 다 지나갔음이러라 보좌에 앉으신 이가 가라사대 보라 내가 만물을 새롭게 하노라 하시고 또 가라사대 이 말은 신실하고 참되니 기록하라 하시고 또 내게 말씀하시되 이루었도다 나는 알파와 오메가요 처음과 나중이라 내가 생명수 샘물로 목마른 자에게 값 없이 주리니 이기는 자는 이것들을 유업으로 얻으리라 나는 저의 하나님이 되고 그는 내 아들이 되리라 그러나 두려워하는 자들과 믿지 아니하는 자들과 흉악한 자들과 살인자들과 행음자들과 술객들과 우상 숭배자들과 모든 거짓말하는 자들은 불과 유황으로 타는 못에 참예하리니 이것이 둘째 사망이라 일곱 대접을 가지고 마지막 일곱 재앙을 담은 일곱 천사중 하나가 나아와서 내게 말하여 가로되 이리 오라 내가 신부 곧 어린 양의 아내를 네게 보이리라 하고 성령으로 나를 데리고 크고 높은 산으로 올라가 하나님께로부터 하늘에서 내려오는 거룩한 성 예루살렘을 보이니 하나님의 영광이 있으매 그 성의 빛이 지극히 귀한 보석 같고 벽옥과 수정같이 맑더라 크고 높은 성곽이 있고 열두 문이 있는데 문에 열두 천사가 있고 그 문들 위에 이름을 썼으니 이스라엘 자손 열두 지파의 이름들이라 동편에 세 문, 북편에 세 문, 남편에 세 문, 서편에 세 문이니 그 성에 성곽은 열 두 기초석이 있고 그 위에 어린 양의 십이 사도의 열두 이름이 있더라 내게 말하는 자가 그 성과 그 문들과 성곽을 척량하려고 금 갈대를 가졌더라 그 성은 네모가 반듯하여 장광이 같은지라 그 갈대로 그 성을 척량하니 일만 이천 스 다디온이요 장과 광과 고가 같더라 그 성곽을 척량하매 일백사십사 규빗이니 사람의 척량 곧 천사의 척량이라 그 성곽은 벽옥으로 쌓였고 그 성은 정금인데 맑은 유리 같더라 그 성의 성곽의 기초석은 각색 보석으로 꾸몄는데 첫째 기초석은 벽옥이요 둘째는 남보석이요 셋째는 옥수요 넷째는 녹보석이요 다섯째는 홍마노요 여섯째는 홍보석이요 일곱째는 황옥이요 여덟째는 녹옥이요 아홉째는 담황옥이요 열째는 비취옥이요 열 한째는 청옥이요 열 두째는 자정이라 그 열 두 문은 열 두 진주니 문마다 한 진주요 성의 길은 맑은 유리 같은 정금이더라 성 안에 성전을 내가 보지 못하였으니 이는 주 하나님 곧 전능하신 이와 및 어린 양이 그 성전이심이라 그 성은 해나 달의 비침이 쓸데 없으니 이는 하나님의 영광이 비취고 어린 양이 그 등이 되심이라 만국이 그 빛 가운데로 다니고 땅의 왕들이 자기 영광을 가지고 그리로 들어오리라 성문들을 낮에 도무지 닫지 아니하리니 거기는 밤이 없음이라 사람들이 만국의 영광과 존귀를 가지고 그리로 들어오겠고 무엇이든지 속된 것이나 가증한 일 또는 거짓말하는 자는 결코 그리로 들어오지 못하되 오직 어린 양의 생명책에 기록된 자들뿐이라"(계 21장).

"또 저가 수정같이 맑은 생명수의 강을 내게 보이니 하나님과 및 어린 양의 보좌로부터 나서 길 가운데로 흐르더라 강 좌우에 생명 나무가 있어 열 두가지 실과를 맺히되 달마다 그 실과를 맺히고 그 나무 잎사귀들은 만국을 소성하기 위하여 있더라 다시 저주가 없으며 하나님과 그 어린 양의 보좌가 그 가운데 있으리니 그의 종들이 그를 섬기며 그의 얼굴을 볼터이요 그의 이름도 저희 이마에 있으리라 다시 밤이 없겠고 등불과 햇빛이 쓸데 없으니 이는 주 하나님이 저희에게 비취심이라 저희가 세세토록 왕노릇하리로다"(계 22:1-5).

요한계시록은 사도 요한이 밧모섬에 유배되어 있을 때 혹은 유배에서 풀려난 후 에베소에서 기록하였을 것이라고 알려져 있습니다. 어느 날 사도 요한은 승천하신 예수님께서 아시아지역의 일곱 교회에 주시는 말씀을 받아 기록하고 있었습니다. 그런데 하늘의 열린 문에서 "이리로 올라오너라!" 하시는 주님의 음성이 들리는 것이었습니다. 사도 요한은 성령님께 감동되어 순식간에 어디인지 잘 모르지만 이끌려 올라가게 되었습니다.

사도 요한은 위에서 무엇을 보게 되었을까요?

"이 일 후에 내가 보니 하늘에 열린 문이 있는데 내가 들은 바 처음에 내게 말하던 나팔소리 같은 그 음성이 가로되 이리로 올라오라 이 후에 마땅히 될 일을 내가 네게 보이리라 하시더라 내가 곧 성령에 감동하였더니 보라 하늘에 보좌를 베풀었고 그 보좌 위에 앉으신 이가 있는데 앉으신 이의 모양이 벽옥과 홍보석 같고 또 무지개가 있어 보좌에 둘렸는데 그 모양이 녹보석 같더라 또 보좌에 둘려 이십사 보좌들이 있고 그 보좌들 위에 이십사 장로들이 흰 옷을 입고 머리에 금면류관을 쓰고 앉았더라"(계 4:1-4).

사도 요한에게 있어서는 참으로 순식간에 일어난 일일 것입니다. 사도 요한은 형언할 수 없는 하늘에 베풀어진 영광스런 광경을 보았습니다. 요한계시록 4장 2절에 의하면 하늘에 베풀어진 보좌와 주님의 모습을 보았습니다. 요한계시록을 바르게 이해하기 위해서는 사도 요한이 본 장소가 어디냐 하는 것이 중요합니다. 장소가 어디입니까? 하늘입니다.

그러면 사도 요한이 하늘에서 본 그 영광스럽고 거룩하고 존귀한 실체가 무엇이었을까요?

펼쳐진 새 하늘과 새 땅

"내가 새 하늘과 새 땅을 보니 처음 하늘과 처음 땅이 없어졌고 바다도 다시 있지 않더라 또 내가 보매 거룩한 성 새 예루살렘이 하나님께로부터 하늘에서 내려오니 그 예비한 것이 신부가 남편을 위하여 단장한 것 같더라 내가 들으니 보좌에서 큰 음성이 나서 가로되 보라 하나님의 장막이 사람들과 함께 있으매 하나님이 저희와 함께 거하시리니 저희는 하나님의 백성이 되고 하나님은 친히 저희와 함께 계셔서 모든 눈물을 그 눈에서 씻기시매 다시 사망이 없고 애통하는 것이나 곡하는 것이나 아픈 것이 다시 있지 아니하리니 처음 것들이 다 지나갔음이러라"(계 21:1-4).

처음 하늘과 처음 땅은 하나님께서 인간들을 위해서 창조하신 천지임에 틀림이 없습니다. 현재 우리들이 살고 있는 이 세상의 천지는 인간들의 죄로 인하여 이미 저주를 받은 바 있습니다.

"땅은 너로 인하여 저주를 받고 ……"(창 3:17하).

거룩한 성 새 예루살렘성이 인간들의 죄로 인하여 저주받은 이 하늘, 이 땅으로 내려올 리가 있겠습니까! 하나님께로부터 하늘에서 내려오는 이 새 예루살렘성은 성경의 예언대로 그리스도께서 천 년 동안 모든 피조물들을 공의와 진리로 통치하시기 위하여 이 세상으로 내려오는 것입니다. 단, 기존의 천지(天地)가 아닌, 신천(新天)

신지(新地)로 내려오게 되는 것입니다.

왜 새 예루살렘성이란 명칭으로 내려오는 것일까요? 하나님께서는 일찍이 믿음의 사람 아브라함을 기뻐하셔서 그와 그의 자손들을 복 주시고 큰 민족을 이루게 하여 복의 근원으로 삼기를 원하셨습니다. 그래서 하나님께서 저들에게 약속하신 메시아 예수 그리스도를 허락해 주셨습니다. 그러나 그들은 자기들의 구주이신 예수를 알아보지 못하고 십자가에 못 박아 처형하고 말았습니다. 옛날 이스라엘 백성들은 하나님의 뜻을 헤아리지 못했습니다. 그러므로 우리 예수님께서 친히 오셔서 공의와 진리로 천 년 동안 통치하시며 복음에 순종치 않는 자들을 심판하심으로써 성부 하나님의 뜻을 이루어 드리고 영광을 돌려 드리는 것입니다. 예수께서 장차 이 세상에 재림하시는 목적이 바로 그 때문입니다. 예수께서는 온갖 죄로 더러워진 옛 예루살렘으로 강림하시지 않으십니다. 새롭게 하신 후에야 강림하십니다.

"그 날에 그의 발이 예루살렘 앞 곧 동편 감람산에 서실 것이요 감람산은 그 한가운데가 동서로 갈라져 매우 큰 골짜기가 되어서 산 절반은 북으로, 절반은 남으로 옮기고 그 산 골짜기는 아셀까지 미칠지라 너희가 그의 산 골짜기로 도망하되 유다 왕 웃시야 때에 지진을 피하여 도망하던 것 같이 하리라 나의 하나님 여호와께서 임하실 것이요 모든 거룩한 자가 주와 함께 하리라 그 날에는 빛이 없겠고 광명한 자들이 떠날 것이라 여호와의 아시는 한 날이 있으리니 낮도 아니요 밤도 아니라 어두워 갈 때에 빛이 있으리로다 그 날에 생수가 예루살렘에서 솟아나서 절반은 동해로, 절반은 서해로 흐를 것이라 여름에도 겨울에도 그러하리라"(슥 14:4-8).

하늘에서 내려온 새 예루살렘성은 천지개벽된 옛 예루살렘의 터 위에 내려오게 되는 것입니다. 그리고 새 예루살렘성은 천 년 그리스도 왕국의 통치 중심부가 되는 것입니다.

새 예루살렘성 안과 밖의 차이

새 예루살렘성 안과 밖의 차이에 관해서 읽으면 마음이 감동과 기쁨으로 설레지 않을 수 없습니다. 왜냐하면 예수님께서 이 세상에 재림하시면 구원받은 모든 성도들도 홀연히 부활하여 들림을 받고, 공중에서 우리 주님을 뵙게 되면서 영원히 우리 예수님과 함께 있기 때문입니다.

요한계시록 21장 1절–7절에 기록된 말씀에 의하면

(1) 새 예루살렘성은 거룩합니다.

　흠도 티도 없고 성결한 곳이라는 뜻입니다.

(2) 신부가 남편을 위하여 단장한 것 같습니다.

　여자의 일생 중에 가장 아름다운 때가 신부 때인 것입니다.

　에덴동산에서 가장 아름다운 피조물은 하와였습니다.

(3) 눈물 흘릴 일이 없는 곳입니다.

　삼위일체 하나님이 계시는 곳인데 눈물 흘릴 일이 있으면 천국이 아닙니다. 오직 영원한 희락만 충만한 곳입니다.

(4) 다시는 사망이 없는 곳입니다.

　하나님과 함께 영생하는 나라인데 죄 값의 사망이라니요!

(5) 애통하는 일도 없습니다.

　몹시 슬프고 애달픈 것이 애통인데 이 세상에나 있는 일이지요.

(6) 곡하는 일도 없습니다.

사망이 있어야 곡을 하는데 그런 것이 천국에 있을 리 없지요.

(7) 아픈 것도 없습니다.

질병들은 다 죄 많은 세상에서나 생기는 것이지, 신령한 몸으로 부활한 천국에서 영생하는 하나님의 자녀들에게 그런 것은 다시는 없습니다.

위에서 말한 모든 부정적인 것들은 이 세상에서만 있는 것입니다. 새 예루살렘성에는 생명수가 있고 하나님의 영광의 빛이 충만한 곳입니다. 인간들의 상상을 초월하는 거룩한 성입니다. 창세기 3장에서 인간들의 죄로 인하여 저주받은 이 세상과는 차원이 다른 세상입니다. 새 예루살렘성은 천국에서 내려온 것입니다.

그런데 새 예루살렘성 밖은 어떨까요?

"무엇이든지 속된 것이나 가증한 일 또는 거짓말하는 자는 결코 그리로 들어오지 못하되 오직 어린 양의 생명책에 기록된 자들뿐이라" (계 21:27).

새 예루살렘성 밖은 전(前) 세상에서 복음을 거역한 사람들이 존재하고 있음을 볼 수 있습니다. 예수께서 천 년 통치하실 때 성 안에 있느냐, 밖에 있느냐는 천지 차이입니다.

이제는 새 예루살렘성의 규모와 실상을 살펴보겠습니다.

거룩하고, 장엄하고, 화려한 새 예루살렘성 안의 장관은 설명이 불가능합니다. 읽으면서 상상해 보는 것이 좋습니다.

"성령으로 나를 데리고 크고 높은 산으로 올라가 하나님께로부터 하늘에서 내려오는 거룩한 성 예루살렘을 보이니 하나님의 영광이 있으매 그 성의 빛이 지극히 귀한 보석 같고 벽옥과 수정같이 맑더라 크고 높은 성곽이 있고 열 두 문이 있는데 문에 열 두 천사가 있고 그 문들 위에 이름을 썼으니 이스라엘 자손 열 두 지파의 이름들이라 동편에 세 문, 북편에 세 문, 남편에 세 문, 서편에 세 문이니 그 성에 성곽은 열 두 기초석이 있고 그 위에 어린 양의 십 이 사도의 열 두 이름이 있더라 내게 말하는 자가 그 성과 그 문들과 성곽을 척량하려고 금 갈대를 가졌더라 그 성은 네모가 반듯하여 장광이 같은지라 그 갈대로 그 성을 척량하니 일만 이천 스다디온이요 장과 광과 고가 같더라 그 성곽을 척량하매 일백 사십 사 규빗이니 사람의 척량 곧 천사의 척량이라 그 성곽은 벽옥으로 쌓였고 그 성은 정금인데 맑은 유리 같더라 그 성의 성곽의 기초석은 각색 보석으로 꾸몄는데 첫째 기초석은 벽옥이요 둘째는 남보석이요 셋째는 옥수요 넷째는 녹보석이요 다섯째는 홍마노요 여섯째는 홍보석이요 일곱째는 황옥이요 여덟째는 녹옥이요 아홉째는 담황옥이요 열째는 비취옥이요 열 한째는 청옥이요 열 두째는 자정이라 그 열 두 문은 열 두 진주니 문마다 한 진주요 성의 길은 맑은 유리 같은 정금이더라 성안에 성전을 내가 보지 못하였으니 이는 주 하나님 곧 전능하신 이와 및 어린 양이 그 성전이심이라 그 성은 해나 달의 비췸이 쓸데 없으니 이는 하나님의 영광이 비취고 어린 양이 그 등이 되심이라"(계 21:10-23).

사도 요한은 성령님의 인도하심을 받고 크고 높은 산으로 올라가서 하나님으로부터 하늘에서 내려오는 거룩한 성 새 예루살렘성을 구경했는데 그의 설명에 의하면 이러했습니다.

⑴ 성 전체의 빛은 지극히 귀한 보석 같고 벽옥과 수정같이 맑더라.

⑵ 성에는 높은 성곽이 있고, 성곽에는 12문이 있으며, 문에는 12천사가 있었다. 그 12문에는 이스라엘 자손 12지파의 이름이 있었다. 동서남북 각각 3문씩.

⑶ 그 성의 성곽은 12기초석이 있고, 그 위에 어린 양의 12사도의 이름들이 기록되어 있었다.

⑷ 사도 요한을 인도하는 천사가 그 성과 그 문들과 성곽을 측량하려고 금 갈대를 가지고 있었는데, 그 성은 네모가 반듯하고 장광이 같았다. 그 성을 측량하니 12,000 스다디온이며, 장광고(長廣高)가 같았다. 그 성곽을 측량하니 144 규빗이었다.

⑸ 그 성곽은 벽옥으로 쌓였고, 그 성은 정금인데 맑은 유리 같았다.

⑹ 그 성의 성곽의 기초석은 각색 보석으로 꾸몄는데 첫째 기초석은 벽옥, 둘째는 남보석, 셋째는 옥수, 넷째는 녹보석, 다섯째는 홍마노, 여섯째는 홍보석, 일곱째는 황옥, 여덟째는 녹옥, 아홉째는 담황옥, 열째는 비취옥, 열한째는 청옥, 열두째는 자정이었다.

⑺ 12문은 12진주니 문마다 한 진주로 되어 있었다.

⑻ 성의 길은 맑은 유리 같은 정금으로 된 길이었다.

⑼ 성 안에는 주 하나님 곧 전능하신 이와 어린 양이 그 성전이시

라 했다.

(10) 그 성에는 해와 달의 비췸이 쓸 데 없으니 하나님의 영광이 비취고 어린 양이 그 등이 되신다 하였다.

사랑하는 성도 여러분!

거룩하고, 황홀하고, 영광으로 충만한 새 예루살렘성이 이 땅에 내려올 날이 멀지않음을 아시는지요! 그리 멀지 않았습니다. 언젠가 때가 되면 스가랴 14장에서 예언하신 대로 순식간에 예루살렘지역 중심으로 일대 천지개벽 같은 변동이 발생하면서 지리적 변화가 일어난 후 거룩한 새 예루살렘성이 예수님과 함께 강림하게 될 것입니다.

그 성의 문들과 기초석의 이름들

새 예루살렘성의 성주가 누구인지 아십니까?

새 예루살렘성의 성주는 당연히 하나님이시며, 예수님이십니다.

"성 안에 성전을 내가 보지 못하였으니 이는 주 하나님 곧 전능하신 이와 및 어린 양이 그 성전이심이라 그 성은 해나 달의 비췸이 쓸데 없으니 이는 하나님의 영광이 비취고 어린 양이 그 등이 되심이라"(계 21:22-23).

그런데 흥미로운 현상을 볼 수 있는데 그것은 12문에 이스라엘 자손 12지파의 이름이 씌어 있고, 12기초석에는 12사도의 이름이 씌어져 있다는 사실입니다. 말할 수 없는 영광이 아닐 수 없습니다. 새 예루살렘성이 얼마나 거룩하고 영광스런 곳인데 이곳에 이분들의 이름이 기록되어 있다니 놀랍지 않습니까. 그런데 하나님께서는 왜 12지파의 족장들 이름과 12사도의 이름을 12문과 12기초석에 쓰셨을까요? 이 12지파의 족장들과 12사도들은 구원받은 모든 성도들을 대표하는 분들로서 이 세상에서 구원받은 모든 성도들은 누구나 할 것 없이 다 새 예루살렘성에 들어 갈 수 있다는 말씀인 것입니다.

"그러나 귀신들이 너희에게 항복하는 것으로 기뻐하지 말고 너희 이름이 하늘에 기록된 것으로 기뻐하라 하시니라"(눅 10:20).

그렇습니다. 구원받은 사람이라면 누구나 할 것 없이 하나님과 우리 주님이 계시는 곳 거룩한 성 새 예루살렘성에 당당히 들어갈 수 있습니다. 비록 우리들의 신체에 이상이 있어도, 비록 우리들의 신분이 빈천해도, 비록 우리들의 믿음이 나약해도 새 예루살렘성에 입성할 수 있습니다. 왜냐하면 예수님의 보혈의 공로를 의지하면 능치 못함이 없기 때문입니다. 우리는 다 부족하여도 예수 공로 의지하여 새 예루살렘성에 들어가게 되는 것입니다.

하나님의 장막
"보라 하나님의 장막이 사람들과 함께 있으매"(계 21:3중).

하나님께로부터 하늘에서 내려오는 새 예루살렘성을 보면서 사도 요한은 "보라! 하나님의 장막이 사람들과 함께 있으매" 하고 말씀하셨는데 '장막' 이라고 하는 표현이 특이하지 않습니까. 새 예루살렘성은 이미 말씀드린 바대로 결코 장막이 아닙니다. 장막은 집을 떠난 사람들이 잠시 야외에서 하루, 이틀 머물 때 임시로 사용하는 것이지 원 주택은 아니기 때문입니다. 그런데 바로 그런 의미에서 새 예루살렘성은 장막과 같습니다. 새 예루살렘성은 예수께서 이 땅에 천 년 동안 통치하시는 동안에만 체류하시다가 다시 본 천국으로 귀환하시기 때문입니다. 장막이라는 표현은 영원한 본향 천국의 존재를 간접적으로 전제하는 표현일 뿐입니다.

새 예루살렘성, 하나님의 장막의 규모를 보면 이렇습니다.

요한계시록 21장에서 보면 그 규모는 장(長) 광(廣) 고(高)가 12,000 스다디온, 즉 정육면체 모양의 어마어마한 큰 성인 것입니다. 12,000 스다디온이라고 하면 일본 도쿄에서 홍콩까지의 거리로 볼 수 있는데, 정육면체 새 예루살렘성의 규모에 관해서 생각해 보시기 바랍니다. 황금보석으로 된 거룩하고 영광으로 가득찬 새 예루살렘성인 것입니다.

그렇다면 하나님의 나라, 장막이 아닌 원 천국은 얼마나 더 하겠습니까! 하나님의 나라는 인간들의 지식으로는 상상 자체가 불가능한 것입니다.

"여호와께서 이같이 말씀하시되 하늘은 나의 보좌요 땅은 나의 발등상이니 너희가 나를 위하여 무슨 집을 지을꼬 나의 안식할 처소가 어디랴"(사 66:1).

"하나님이 참으로 땅에 거하시리이까 하늘과 하늘들의 하늘이라도 주를 용납지 못하겠거든 하물며 내가 건축한 이 전이오리이까"(왕상 8:27).

하나님께 얼마나 감사한지요. 복음을 듣고 예수님을 나의 구주로 영접한 것뿐인데 하나님의 자녀로 삼아주시고 영광으로 충만한 하나님의 나라에서 영생을 누리게 해 주시니 그 은혜가 얼마나 감사합니까. 이제 예수님께서 성도들을 새 예루살렘성으로, 그리고 하나님의 나라 천국으로 인도해 주시기 위해서 다시 오실 날이 가까이 다가오고 있습니다.

예수님께서는 이렇게 약속하셨습니다.

"너희는 마음에 근심하지 말라 하나님을 믿으니 또 나를 믿으라 내 아버지 집에 거할 곳이 많도다 그렇지 않으면 너희에게 일렀으리라 내가 너희를 위하여 처소를 예비하러 가노니 가서 너희를 위하여 처소를 예비하면 내가 다시 와서 너희를 내게로 영접하여 나 있는 곳에 너희도 있게 하리라"(요 14:1-3).

7
그리스도의
흰 보좌 심판

"또 내가 크고 흰 보좌와 그 위에 앉으신 자를 보니 땅과 하늘이 그 앞에서 피하여 간데 없더라 또 내가 보니 죽은 자들이 무론대소하고 그 보좌 앞에 섰는데 책들이 펴 있고 또 다른 책이 펴졌으니 곧 생명책이라 죽은 자들이 자기 행위를 따라 책들에 기록된 대로 심판을 받으니 바다가 그 가운데서 죽은 자들을 내어주고 또 사망과 음부도 그 가운데서 죽은 자들을 내어주매 각 사람이 자기의 행위대로 심판을 받고 사망과 음부도 불못에 던지우니 이것은 둘째 사망 곧 불못이라 누구든지 생명책에 기록되지 못한 자는 불못에 던지우더라"(계 20:11-15).

그리스도의 흰 보좌심판은 우리 주 예수 그리스도께서 복음을 거절하고 구원받지 아니한 사람들에게 최종적으로 내리시는 벌을 말합니다. 그런데 심판의 주님께서 이 세상의 모든 불신자들을 심판하시기 전에 먼저 하시는 일이 있는데, 그것은 인간들을 유혹하고 죄악으로 떨어지게 한 '마귀사단'과 '거짓 선지자'와 '짐승(적그리스도)'을 영영한 불못, 지옥에 투옥하시는 일입니다.

"천년이 차매 사단이 그 옥에서 놓여 나와서 땅의 사방 백성 곧 곡과 마곡을 미혹하고 모아 싸움을 붙이리니 그 수가 바다 모래 같으리라 저희가 지면에 널리 퍼져 성도들의 진과 사랑하시는 성을 두르매 하늘에서 불이 내려와 저희를 소멸하고 또 저희를 미혹하는 마귀가 불과 유황 못에 던지우니 거기는 그 짐승과 거짓 선지자도 있어 세세토록 밤낮 괴로움을 받으리라"(계 20:7-10).

그 후에 예수님께서 지엄하신 흰 보좌에 좌정하시고 심판을 집행하게 될 것입니다. 지난 날에는 예수님께서 죄인들을 구원하시고자 십자가에 달려서 피와 물을 다 쏟으시면서 "엘리 엘리 라마 사박다니!" 즉 "나의 하나님, 나의 하나님, 어찌하여 나를 버리셨나이까!" 하면서 죄인들의 죄값 지불을 위하여 죽으신 주님이셨지만, 그러나 이제는 아닙니다. 이제는 심판을 위하여 좌정하고 계시는 것입니다.

전도서 3장에서 "천하의 범사가 기한이 있고 모든 목적이 이룰 때가 있나니 울 때가 있고 웃을 때가 있으며, 안을 때가 있고 안는 일을 멀리 할 때가 있으며, 찾을 때가 있고 잃을 때가 있으며" 하고 말씀하신 것처럼 말입니다.

"또 내가 크고 흰 보좌와 그 위에 앉으신 자를 보니 땅과 하늘이 그 앞에서 피하여 간데 없더라"(계 20:11).

흰 보좌에 좌정하시고 하나님의 죄 사함, 즉 구원받는 것을 거부한 모든 인간들을 심판하실 주님은 예수 그리스도이신데 그 권세는 성부 하나님께서 십자가의 공력을 평가하신 양여(讓與)에 의함이었습니다.

"아버지께서 아무도 심판하지 아니하시고 심판을 다 아들에게 맡기셨으니 이는 모든 사람으로 아버지를 공경하는 것 같이 아들을 공경하게 하려 하심이라 아들을 공경치 아니하는 자는 그를 보내신 아버지를 공경치 아니하느니라"(요 5:22-23).

"또 인자됨을 인하여 심판하는 권세를 주셨느니라"(요 5:27).

구주에게 심판하실 권세는 합당하십니다.

흰 보좌에 관해서

"또 내가 크고 흰 보좌와 그 위에 앉으신 자를 보니 땅과 하늘이 그 앞에서 피하여 간데 없더라"(계 20:11).

성경은 '보좌' 라고 하는 명사가 많이 기록된 책이라고 해도 과언이 아닙니다. 아마도 100번 넘게 찾아볼 수 있을 것 같습니다. 그러나 '흰 보좌' 라고 하는 표현은 오직 요한계시록 20장 11절에만 기록되어 있습니다. 보통 '보좌'라고 하면 권위와 영광을 상징하는 신성불가침의 자리인데 이 '흰 보좌'가 의미하는 것은 무엇일까요?

성경에서 흰옷과 관련이 있는 곳을 보면 흰옷 입은 천사들을 볼 수 있고, 요한계시록에서 볼 수 있습니다. 특별히 마태복음 17장에서 높은 산으로 올라가신 예수님께서 친히 변형되신 모습을 보여 주셨는데 예수님의 얼굴이 해같이 빛났고, 옷은 빛과 같이 희어졌더라고 했습니다. 예수님께서 승천하실 때에 흰 옷 입은 두 사람이 저희 곁에 서 있었다고 했는데 천사라고 보여집니다. 이 흰 색은 성경에서 깨끗한 것을 나타내는 것을 볼 수 있습니다.

"하나님께서 말씀하시되 오라 우리가 서로 변론하자! 너희 죄가 주홍 같을지라도 눈과 같이 희어질 것이요! 진홍같이 붉을지라도 양털같이 되리라!"(사 1:18).

흰 보좌의 흰색은 하나님의 성결함을 나타내는 심판자의 강하신 뜻을 나타낼 뿐 아니라, 죄 사함 받지 못한 죄인들에게 진노함의 뜻을 나타낸 것으로 믿어집니다. 이 흰 보좌의 흰색만으로도 회개하지 못한 죄인들은 그날에 심히 두렵고 부끄러워 후회하며 애통해 할 것입니다.

흰 보좌와 그 때의 분위기
흰 보좌와 그 때의 광경에 관해서 살펴보고자 합니다.

"또 내가 크고 흰 보좌와 그 위에 앉으신 자를 보니 땅과 하늘이 그 앞에서 피하여 간 데 없더라"(계 20:11).

요한계시록을 기록하신 사도 요한은 하나님의 계시를 통해서 자신이 본 것에 대해서 이렇게 설명하고 있습니다.

"땅과 하늘이 그 앞에서 피하여 간 데 없더라!"

이 말씀을 눈을 감고 한 번 상상해 보시기 바랍니다. 땅도 사라졌습니다. 파아란 하늘도 어디론지 사라졌습니다. 이때까지 살아왔던 친숙한 환경은 흔적도 없이 사라졌습니다. 그 흰 보좌가 베풀어진 장소는 인간들이 존재해온 기존의 지구도, 우주도 아닌 것을 볼 수 있습니다. 인간들이 존재해온 그 친숙한 우주 공간은 어디론가 사라져 버렸고, 낯선 허공에 오직 흰 보좌와 심판을 받을 대상자들만이 존재하고 있는 것입니다. 창조주 하나님만이 하실 수 있는 일입니다.

사랑하는 여러분! 여러분들이 만약에 이런 분위기에 직면했다면 무엇을 느끼게 될 것 같습니까? 해도, 달도, 별들도, 파란 하늘도, 물도, 땅도, 풀도, 동물도, 사람들도, 바람도, 친근하고 낯익은 것이라고는 아무 것도 없습니다. 눈에 보이는 것이라곤 감히 바라볼 수 없는 지엄하신 흰 보좌와 심판자, 그리고 심판을 받게 될 자기들뿐인 것입니다. 이 글을 읽으시는 분들 중에는 단 한 사람도 진노하신 그리스도의 흰 보좌 앞에 서게 되는 사람이 없기를 바랍니다.

죽은 자들을 다시 살림

'흰 보좌' 심판이 행하여지기 전에 예수님께서 반드시 하셔야 할 일이 있음을 성경을 통해서 볼 수 있습니다. 그것은 흰 보좌 심판을 하시기 전에 두 번째 부활이 선행된 후에야 흰 보좌 심판을 하시게 되는 것입니다.

이 두 번째 부활은 이 세상에 살 때에 복음을 듣고도 예수님을 자신의 구주로 받아들이는 것을 거부하다가 세상을 떠난 사람들의 부활인 것입니다. 이런 사람들의 부활은 예수께서 재림하셔서 천 년 동안의 통치가 끝난 후에야 있게 될 것인데 이 불신자들만의 부활을 성경에서는 두 번째 부활이라고 합니다. 이 두 번째 부활은 흰 보좌 심판을 받게 하려고 주께서 다시 살리는 것입니다.

성경에 의하면 두 종류의 부활이 있습니다.
첫째 부활이 있고, 둘째 부활이 있습니다.

"이 첫째 부활에 참예하는 자들은 복이 있고 거룩하도다 둘째 사망이 그들을 다스리는 권세가 없고 도리어 그들이 하나님과 그리스도의 제사장이 되어 천년 동안 그리스도로 더불어 왕노릇 하리라"(계 20:6).

생명의 부활이 있고, 심판의 부활이 있습니다.

"선한 일을 행한 자는 생명의 부활로 악한 일을 행한 자는 심판의 부활로 나오리라"(요 5:29).

의인의 부활이 있고, 악인의 부활이 있습니다.

"저희의 기다리는 바 하나님께 향한 소망을 나도 가졌으니 곧 의인과 악인의 부활이 있으리라 함이라"(행 24:15).

복 받은 자의 부활이 있고, 아닌 자의 부활이 있습니다.

"이 첫째 부활에 참예하는 자들은 복이 있고 거룩하도다 둘째 사망이 그들을 다스리는 권세가 없고 도리어 그들이 하나님과 그리스도의 제사장이 되어 천년 동안 그리스도로 더불어 왕노릇 하리라"(계 20:6).

표현은 달라도 결국 두 종류의 부활이 있을 뿐입니다.
전자의 부활은 예수님을 구주로 영접하고 거듭난 하나님의 자녀들에게, 후자의 부활은 구원받지 못한 모든 사람들에게 해당됩니다.
첫째 부활에 참여하게 되는 성도들의 부활은 예수님께서 일차적으로 공중에 재림하시는 날 있게 됩니다. 홀연히 우리 주님의 호령과 천사장의 나팔소리를 듣게 되는 그 순간, 주 안에서 죽은 자들이 먼저 부활하게 되고, 살아 있는 자들도 홀연히 변화되어 함께 공중으로 들림 받고 주님 앞에 서게 되는 것입니다. 부활하신 예수님의 몸처럼 신령하고, 영생하는 몸을 입게 될 것입니다. 그리하여 영원토록 주님과 함께 있게 되는 것입니다.
둘째 부활, 즉 불신자들의 부활은 시기적으로 천년 후에 있게 될 것입니다. 구원의 복음을 듣고서도 믿는 것을 거부한, 다시 말하면 죄 사함 받는 것을 거부한 사람들, 하나님의 구원의 은혜를 거부한 자들이 흰 보좌 심판대 앞에서 심판을 받기 위해 부활하는 저주의 부활인 것입니다

생명책과 또 한 책

"또 내가 보니 죽은 자들이 무론대소하고 그 보좌 앞에 섰는데 책들이 펴 있고 또 다른 책이 펴졌으니 곧 생명책이라 죽은 자들이 자기 행위를 따라 책들에 기록된 대로 심판을 받으니 바다가 그 가운데서 죽은 자들을 내어주고 또 사망과 음부도 그 가운데서 죽은 자들을 내어주매 각 사람이 자기의 행위대로 심판을 받고"(계 20:12-13)

이 말씀에 의하면 흰 보좌 앞에는 적어도 두 종류의 책들이 펴져 있는 것을 볼 수 있습니다. 명칭이 없는 '책들'과 '생명책'이 있음을 볼 수 있습니다. 이 책들에 관해서는 더 이상의 설명이 없어서 확실한 내용을 알 수는 없지만, 생명책은 아담 때부터 현재에 이르기까지 유일하신 구주 예수 그리스도를 통하여 믿음으로 구원받게 된 모든 사람들의 이름이 기록되어 있는 책입니다. 하나님의 기록에는 일점일획의 착오도 없습니다. 사랑하는 성도 여러분의 이름이 생명책에 녹명된 사실을 기뻐하십시오.

"그 때에 하나님을 경외하는 자들이 피차에 말하매 하나님께서 그것을 분명히 들으시고 하나님을 경외하는 자와 그 이름을 존중히 생각하는 자를 위하여 하나님 앞에 있는 기념책에 기록하셨느니라"(말 3:16).

명칭이 없는 책들에는 무엇이 기록되어 있는지 알 수가 없습니다. 명칭이 없는 책들에 관한 해석은 피하는 것이 좋겠습니다. 본문은 "누구든지 생명책에 기록되지 못한 자는 불 못에 던지우더라"라고 기록하고 있습니다. 이 시간에 생명책에 내 이름이 기록되어 있는

지를 잘 생각해 보시기 바랍니다.

예수께서 말씀하셨습니다.

"영접하는 자 곧 그 이름을 믿는 자들에게는 하나님의 자녀가 되는 권세를 주셨으니"(요 1:12).

"귀신들이 너희에게 항복하는 것으로 기뻐하지 말고 너희 이름이 하늘에 기록된 것으로 기뻐하라"(눅 10:20).

성경에서 가장 두려운 장면

성경 66권 중에서 가장 두렵고 무서운 말씀을 함께 보고자 합니다.

"또 내가 크고 흰 보좌와 그 위에 앉으신 자를 보니 땅과 하늘이 그 앞에서 피하여 간데 없더라 또 내가 보니 죽은 자들이 무론대소하고 그 보좌 앞에 섰는데 책들이 펴 있고 또 다른 책이 펴졌으니 곧 생명책이라 죽은 자들이 자기 행위를 따라 책들에 기록된 대로 심판을 받으니 바다가 그 가운데서 죽은 자들을 내어주고 또 사망과 음부도 그 가운데서 죽은 자들을 내어주매 각 사람이 자기의 행위대로 심판을 받고 사망과 음부도 불못에 던지우니 이것은 둘째 사망 곧 불못이라 누구든지 생명책에 기록되지 못한 자는 불못에 던지우더라"(계 20:11-15).

"그러나 두려워하는 자들과 믿지 아니하는 자들과 흉악한 자들과 살인자들과 행음자들과 술객들과 우상 숭배자들과 모든 거짓말하는 자들은 불과 유황으로 타는 못에 참예하리니 이것이 둘째 사망이라"(계 21:8).

물론 구원 받은 성도들은 이 영벌에서 해방되었습니다. 그래도 우리들의 주변사람들, 우리들의 가족, 친척들, 우리 대한민국 사람들, 온 세상 사람들은 어느 누구 한 사람이라도, 설사 나의 원수라 할지라도 가서는 안 될 곳이 바로 이 영벌의 지옥입니다. 이곳은 하나님께서도 원래 사람들을 영벌(永罰) 주시려고 마련한 곳이 아닙니다. 하나님과 인간들의 대적자인 사단을 영벌하기 위하여 만든 곳입니다. 오죽하면 인간들을 영벌에서 구원하시려고 하나님 자신이 사람의 모습으로 이 세상에 오셔서 인간들의 모든 죄를 지고 십자가의 죽음을 통해서 죄 값을 치루셨겠습니까! 예수 그리스도께서는 우리들에게 구원의 길을 열어주셨습니다.

"피 흘림이 없은즉 죄사함이 없느니라"(히 9:22하).

"예수께서 가라사대 내가 곧 길이요 진리요 생명이니 나로 말미암지 않고는 아버지께로 올 자가 없느니라"(요 14:6).

이제 천국이냐, 지옥이냐 하는 중대한 결정은 사람들 스스로가 하게 된 것입니다. 이 세상의 어떠한 설교자라도 천국과 지옥을 그대로 설명할 수는 없습니다. 천국은 하나님이 계시는 영원한 영광의 나라요, 지옥은 마귀사단을 투옥하여 영영한 벌을 받게 하려고 만든 불못인 것입니다. "오, 안돼! 안돼! 사람들이 이곳에 떨어지면 안돼! 안돼!" 하는 외침이 나오게 하는 영벌의 불못인 것입니다. 우리 구주 예수님이 계시는데 왜 사람들이 그 곳에 떨어져야 합니까. 그러나 구원받기를 거부하면 사후에 영벌을 면할 수 없습니다.

"또 내가 보니 죽은 자들이 무론대소하고 그 보좌 앞에 섰는데 책들이 펴 있고 또 다른 책이 펴졌으니 곧 생명책이라 죽은 자들이 자기 행위를 따라 책들에 기록된 대로 심판을 받으니 바다가 그 가운데서 죽은 자들을 내어주고 또 사망과 음부도 그 가운데서 죽은 자들을 내어주매 각 사람이 자기의 행위대로 심판을 받고"(계 20:12-13).

이 말씀은 이 세상에 태어난 사람들 중에서 예수 그리스도를 자신의 구주로 믿는 것을 거부하고 죽은 모든 사람들을 심판 날에 다시 살려서 심판대 앞에 반드시 서게 하신다는 것입니다. 하나님은 공의의 하나님이십니다.

사람은 단순한 동물이 아닙니다. 하나님의 생령(生靈)을 받고 태어난 영생하는 특별한 피조물이었습니다.
사람들이 죽게 된 것은 전적으로 죄 값 때문입니다

"모든 사람이 죄를 범하였으매 하나님의 영광에 이르지 못하더니(롬 3:23).

"죄의 삯은 사망이요"(롬 6:23상).

"한 번 죽는 것은 사람에게 정하신 것이요 그 후에는 심판이 있으리니"(히 9;27).

　죄 사함 받지 못한 모든 사람들은 반드시 흰 보좌 심판대 앞에 서게 된다는 것을 명심하십시오.

　"바다가 그 가운데서 죽은 자들을 내어주고 또 사망과 음부도 그 가운데서 죽은 자들을 내어주매 각 사람이 자기의 행위대로 심판을 받고 사망과 음부도 불못에 던지우니 이것은 둘째 사망 곧 불못이라 누구든지 생명책에 기록되지 못한 자는 불못에 던지우더라"(계 20:13-15).

　"그러나 두려워하는 자들과 믿지 아니하는 자들과 흉악한 자들과 살인자들과 행음자들과 술객들과 우상 숭배자들과 모든 거짓말하는 자들은 불과 유황으로 타는 못에 참예하리니 이것이 둘째 사망이라"(계 21:8).

　"또 왼편에 있는 자들에게 이르시되 저주를 받은 자들아 나를 떠나 마귀와 그 사자들을 위하여 예비된 영영한 불에 들어가라"(마 25:41).

　"마땅히 두려워할 자를 내가 너희에게 보이리니 곧 죽인 후에 또한 지옥에 던져 넣는 권세 있는 그를 두려워하라 내가 참으로 너희에게 이르노니 그를 두려워하라"(눅 12:5).

　지옥은 실재(實在)하는 곳입니다.

　"한 부자가 있어 자색 옷과 고운 베옷을 입고 날마다 호화로이 연락하는

데 나사로라 이름한 한 거지가 헌데를 앓으며 그 부자의 대문에 누워 부자의 상에서 떨어지는 것으로 배불리려 하매 심지어 개들이 와서 그 헌데를 핥더라 이에 그 거지가 죽어 천사들에게 받들려 아브라함의 품에 들어가고 부자도 죽어 장사되매 저가 음부에서 고통 중에 눈을 들어 멀리 아브라함과 그의 품에 있는 나사로를 보고 불러 가로되 아버지 아브라함이여 나를 긍휼히 여기사 나사로를 보내어 그 손가락 끝에 물을 찍어 내 혀를 서늘하게 하소서 내가 이 불꽃 가운데서 고민하나이다"(눅 16:19-24).

"몸은 죽여도 영혼은 능히 죽이지 못하는 자들을 두려워하지 말고 오직 몸과 영혼을 능히 지옥에 멸하시는 자를 두려워하라"(마 10:28).

아직 예수 그리스도를 자신의 구주로 영접하지 않고 있는 분들이 있다면 오늘 이 시간에 영접하고 구원 받으시기 바랍니다. 구원의 기회는 이 세상에서 뿐입니다. 천국에 가느냐, 지옥에 가느냐 그 선택은 이 세상에서 각자의 결정에 달려 있습니다.
성도 여러분!
구원받게 된 것을 하나님께 감사합시다. 천국의 소망을 감사하면서 죄인들을 주님께로 인도합시다.

"내가 복음을 전할지라도 자랑할 것이 없음은 내가 부득불 할 일임이라 만일 복음을 전하지 아니하면 내게 화가 있을 것임이로다"(고전 9:16).

8

영원한 하나님의 나라
천국

"또 내가 새 하늘과 새 땅을 보니 처음 하늘과 처음 땅이 없어졌고 바다도 다시 있지 않더라 또 내가 보매 거룩한 성 새 예루살렘이 하나님께로부터 하늘에서 내려오니 그 예비한 것이 신부가 남편을 위하여 단장한 것 같더라 내가 들으니 보좌에서 큰 음성이 나서 가로되 보라 하나님의 장막이 사람들과 함께 있으매 하나님이 저희와 함께 거하시리니 저희는 하나님의 백성이 되고 하나님은 친히 저희와 함께 계셔서 모든 눈물을 그 눈에서 씻기시매 다시 사망이 없고 애통하는 것이나 곡하는 것이나 아픈 것이 다시 있지 아니하리니 처음 것들이 다 지나갔음이러라"(계 21:1-4).

"사랑하는 자들아 주께는 하루가 천년 같고 천년이 하루 같은 이 한 가지를 잊지 말라 주의 약속은 어떤 이의 더디다고 생각하는 것 같이 더딘 것이 아니라 오직 너희를 대하여 오래 참으사 아무도 멸망치 않고 다 회개하기에 이르기를 원하시느니라 그러나 주의 날이 도적같이 오리니 그 날에는 하늘이 큰 소리로 떠나가고 체질이 뜨거운 불에 풀어지고 땅과 그 중에 있는 모든 일이 드러나리로다 이 모든 것이 이렇게 풀어지리니 너희가 어떠한 사람이 되어야 마땅하뇨 거룩한 행실과 경건함으로 하나님의 날이 임하기를 바라보고 간절히 사모하라 그 날에 하늘이 불에 타서 풀어지고 체질이 뜨거운 불에 녹아지려니와 우리는 그의 약속대로 의의 거하는 바 새 하늘과 새 땅을 바라보도다"(벧후 3:8-13).

전도를 하다 보면 세상 사람들은 심판이니, 지옥이니 하는 말들을 듣기 싫어하는 것을 볼 수 있는데 성경을 보면 옛날 사람들도 그 점에 있어서는 다를 바가 없었습니다. 심판이니, 지옥이니 하는 끔찍한 말들을 듣기 좋아할 사람이 어디 있겠습니까. 이 글을 쓰고 있는 저도 예수님에 관해서 몰랐을 때는 하나님의 심판이니, 지옥이니 하면서 다가오는 예수쟁이들을 싫어하면서 비난했던 기억이 있습니다. 기독교 특유의 겁주는 협박식 선전이라고 생각하면서 말입니다. 그런데 그것이 진실인데 어찌하겠습니까.

영원한 하나님의 나라 천국. 이 천국에 관한 설명도 영벌의 장소 지옥과 같이 인간의 상상을 초월하는 장소이니 만큼, 하나님의 나라에 관해서 설명한다는 것은 불가능한 일입니다. 죄 중에서 태어나서 죄 중에 살다가 죄 중에서 죽는 인생이 하나님의 나라, 천국에 관해서 이야기한다는 것은 사실 불가능한 일입니다. 그래서 성경에 기록되어 있는 천국에 관한 부분을 함께 읽으면서 추상(推想)해 보고자 합니다.

하나님의 나라, 천국의 소재

천국은 어디에 있을까요? 천국이 존재하는 위치는 어디일까요? 만약에 하나님께서 천국의 위치를 밝혀 주셨다고 하면 어떻게 갈까요? 인간의 힘으로 갈 수 없는 세 번째 우주궁창을 넘어 저 먼 곳에 있다고 하면 어떻게 그런 곳을 갈 수 있을까요?

네, 그냥 해본 말입니다만, 천국이 어디에 있는가가 중요한 것이 아니라 존재한다는 그 자체가 중요한 것입니다. 그리고 하나님께서 원하시는 방법을 통해서 누구라도 원하기만 하면 갈 수 있다고 하는 사실이 더욱 중요한 것입니다.

감사하게도 천국의 소재에 관해서는 일체 언급한 사실이 없습니다. 그러나 하나님의 나라, 천국이 있다는 사실과 누구라도 원하면 갈 수 있도록 길을 가르쳐 주셨으니 얼마나 감사한 일인지요.

그러면 옛날 믿음의 조상들은 천국에 관해서 어떠한 믿음과 생각들을 가지고 사셨는지 살펴보겠습니다.

(1) 믿음의 조상들은 하늘에 있는 본향을 믿고 있었습니다.

히브리서에 보면 더 나은 본향을 사모했으니 곧 하늘에 있는 본향, 하나님께서 예비하신 한 성이라고 했습니다.

"이 사람들은 다 믿음을 따라 죽었으며 약속을 받지 못하였으되 그것들을 멀리서 보고 환영하며 또 땅에서는 외국인과 나그네로라 증거하였으니 이같이 말하는 자들은 본향 찾는 것을 나타냄이라 저희가 나온 바본향을 생각하였더면 돌아갈 기회가 있었으려니와 저희가 이제는 더 나은 본향을 사모하니 곧 하늘에 있는 것이라 그러므로 하나님이 저희 하나님이라 일컬음 받으심을 부끄러워 아니하시고 저희를 위하여 한 성을 예비하셨느니라"(히 11:13-16).

(2) 모세는 하나님은 무한히 크신 분이심을 말씀했습니다.

"하늘과 모든 하늘의 하늘과 땅과 그 위의 만물은 본래 네 하나님 여호와께 속한 것이로되"(신 10:14).

(3) 욥은 하나님이 높은 하늘에 계심을 믿었습니다.

"하나님이 높은 하늘에 계시지 아니하냐 보라 별의 높음이 얼마나 높은가"(욥 22:12).

(4) 다윗은 영원한 하나님의 집(천국)에서 거하겠다고 했습니다.

"내가 하나님의 집(천국)에 영원히 거하리로다"(시 23:6하).

(5) 하나님께서 이사야 선지자를 통해서 지구가 속한 우주라도 하나님을 수용할 수 없다고 말씀하셨습니다.

"하나님께서 이같이 말씀하시되 하늘은 나의 보좌요 땅은 나의 발등상이니 너희가 나를 위하여 무슨 집을 지을꼬 나의 안식할 처소가 어디랴 나 하나님이 말하노라 나의 손이 이 모든 것을 지어서 다 이루었느니라"(사 66:1-2상).

(6) 예레미야 선지자를 통해서 하나님께서는 천지에 충만함을 말씀하셨습니다.

"나는 천지에 충만하지 아니하냐"(렘 23:24하).

(7) 사도 바울은 셋째 하늘에 올라간 경험을 말했습니다.

"무익하나마 내가 부득불 자랑하노니 주의 환상과 계시를 말하리라 내가 그리스도 안에 있는 한 사람을 아노니 십 사년 전에 그가 셋째 하늘에 이끌려 간 자라 (그가 몸 안에 있었는지 몸 밖에 있었는지 나는 모르거니와 하나님은 아시느니라) 내가 이런 사람을 아노니 (그가 몸 안에 있었는지 몸 밖에 있었는지 나는 모르거니와 하나님은 아시느니라) 그가 낙원으로 이끌려가서 말할 수 없는 말을 들었으니 사람이 가히 이르지 못할 말이로다"(고후 12:1-4).

(8) 사도 베드로는 영원한 나라 신천신지(新天新地)의 천국을 믿었습니다.

"우리는 그의 약속대로 의에 거하는 바 새 하늘과 새 땅을 바라보도다"(벧후 3:13).

(9) 사도 요한은 주님의 계시로 요한계시록 21장의 새 예루살렘성이 (나라가 아닌) 천년왕국의 통치수도로 하늘에서 내려오는 것을 보았습니다.

(10) 예수님께서는 장차 성도들이 거하게 될 천국에 대해서 이렇게 말씀하셨습니다.

"너희는 마음에 근심하지 말라 하나님을 믿으니 또 나를 믿으라 내 아버지 집에 거할 곳이 많도다. 그렇지 아니하면 너희에게 일렀으리라 내가 너희를 위하여 처소를 예비하러 가노니 가서 너희를 위하여 처소를 예비하면 내가 다시 와서 너희를 내게로 영접하여 나 있는 곳에 너희도 있게 하리라

"(요 14:1-3)

예수님께서는 사람들이 이해하기 쉬운 표현으로 말씀을 하셨습니다. 중요한 것은 구원받은 성도들에게는 하나님과 함께 거할 영원한 처소, 즉 영원한 하나님의 나라가 예비되어 있다는 사실입니다.

새 예루살렘성은 원 천국의 일부

요한계시록 21장 1-2절을 잘 읽어보면 사도 요한은 거룩한 새 예루살렘성이 하나님께로부터 하늘에서 내려오는 것을 보았다고 말씀하고 있습니다.

"또 내가 새 하늘과 새 땅을 보니 처음 하늘과 처음 땅이 없어졌고 바다도 다시 있지 않더라 또 내가 보매 거룩한 성 새 예루살렘이 하나님께로부터 하늘에서 내려오니 그 예비한 것이 신부가 남편을 위하여 단장한 것 같더라"(계 21:1-2).

이 사도 요한의 증언이 하나님의 나라 천국이 실제로 존재한다는 것을 가장 확실하게 증명하는 증거이며, 요한계시록은 그 증서라고 할 수 있을 것입니다.

"내가 들으니 보좌에서 큰 음성이 나서 가로되 보라 하나님의 장막이 사람들과 함께 있으매 하나님이 저희와 함께 거하시리니 저희는 하나님의 백성이 되고 하나님은 친히 저희와 함께 계셔서"(계 21:3).

십중팔구는 이 새 예루살렘성을 원 천국으로 믿고 있습니다. 그러나 요한계시록을 잘 읽어보면 원 천국이 아니고, 천년왕국 통치를 위해서 잠정적으로 내려온 한 성인 것을 알 수가 있습니다. 즉, 하나님의 나라에서 잠시 동안 어떤 목적 때문에 이 새 예루살렘성이 내려왔다는 뜻으로 '하나님의 장막' 이라고 말했던 것을 알 수 있습니다. 하나님 나라의 존재와 천국의 실상이 어떠하다는 것을 간접적으로 시사해줌으로 천국을 소망하고 살고 있는 성도들의 심령을 기쁨과 소망으로 충만케 해 주고 있습니다.

사랑하는 성도 여러분!

천국을 바라보며 항상 소망을 품고 사십시다!

그리고 당신이 아직 믿지 않고 있는 분이라면 하나님 나라의 존재에 대해서 의심을 떨쳐 버리고, 길 되시는 예수님을 자신의 구주로 영접하여 천국 백성이 되시기 바랍니다.

새 예루살렘성의 규모와 소 천국

새 예루살렘성이 천국에서 내려온 장막이라고 했는데 그렇다면 천국에 대한 설명이 성경 다른 곳에 거의 없는 상황에서 새 예루살렘성을 통해서 천국을 볼 수 있다는 것은 얼마나 기쁘고 다행스런 일인지요. 천국을 보고 싶어 하고 궁금하게 생각하는 모든 성도들에게 기쁨이 충만했으면 합니다.

그러면 새 예루살렘성이 어떠한 곳인지 살펴보겠습니다.

⑴ 하나님의 나라는 거룩한 나라입니다. 삼위일체 하나님, 거룩하신 하나님이 계신 곳이니 천국이 얼마나 거룩하겠습니까. 그래

서 천국에는 죄가 존재할 수 없습니다.

"또 내가 보매 거룩한 성 새 예루살렘이 하나님께로부터 하늘에서 내려오니"(계 21:2상).

(2) 하나님의 나라는 아름답고 순결하며 흠도 티도 없습니다. 순결, 성결의 다른 말은 곧 거룩함입니다.

"그 예비한 것이 신부가 남편을 위하여 단장한 것 같더라"(계 21:2하).

(3) 하나님의 나라는 눈물, 사망, 애통, 곡 하는 것, 아픈 것이 전혀 없는 나라입니다. 이런 모든 것들은 인간들이 범죄한 후 사망을 선고한 말씀이 역사하기 때문입니다. 그러나 구원받고 부활하여 천국에 들어가면 하나님께서 위로해 주시는 것입니다.

"모든 눈물을 그 눈에서 씻기시매 다시 사망이 없고 애통하는 것이나 곡하는 것이나 아픈 것이 다시 있지 아니하리니 처음 것들이 다 지나갔음이라"(계 21:4).

(4) 하나님의 나라는 생명수를 값없이 항상 마실 수 있습니다. 천국에는 생명수 외에 다른 물은 없습니다.

"또 내게 말씀하시되 이루었도다 나는 알파와 오메가요 처음과 나중이라 내가 생명수 샘물로 목마른 자에게 값없이 주리니"(계 21:6).

"또 저가 수정 같이 맑은 생명수의 강을 내게 보이니 하나님과 어린 양의
보좌로부터 나서 길 가운데로 흐르더라"(계 22:1-2상).

(5) 하나님의 나라에는 강이 흐르고 강 좌우에는 생명나무가 있는
데 열두 가지 실과를 달마다 맺힙니다.

"강 좌우에 생명나무가 있어 열두 가지 실과를 맺히되 달마다 그 실과
를 맺히고"(계 22:2중).

(6) 하나님의 나라에는 저주가 다시 없고 하나님과 그 어린 양의
보좌가 그 가운데 있고, 그의 종들(천사들)이 그를 섬기며, 성
도들은 하나님의 얼굴을 보게 될 것입니다.

"다시 저주가 없으며 하나님과 그 어린양의 보좌가 그 가운데 있으리
니 그의 종들이 그를 섬기며, 그의 얼굴을 볼 터이요 그의 이름도 저희
이마에 있으리라"(계 22:3-4).

(7) 천국에는 해나 달이나 별들의 비췸이 없고 하나님의 영광이
비취며 어린 양이 등이 되십니다.

"그 성은 해나 달의 비췸이 쓸데 없으니 이는 하나님의 영광이 비취고
어린 양이 그 등이 되심이라"(계 21:23).

"다시 밤이 없겠고 등불과 햇빛이 쓸데 없으니 이는 주 하나님이 저희에게 비취심이라"(계 22:5상).

(8) 천국의 규모는 상상할 수 있는 것이 아니라고 생각합니다. 하나님 나라의 규모에 관해서는 성경 어디서도 기록된 것을 찾아볼 수 없습니다.

"하나님께서 이같이 말씀하시되 하늘은 나의 보좌요 땅은 나의 발등상이니 너희가 나를 위하여 무슨 집을 지을꼬 나의 안식할 처소가 어디랴, 나 하나님이 말하노라 나의 손이 이 모든 것을 지어서 다 이루었느니라"(사 66:1-2상).

"나 여호와가 말하노라 나는 가까운데 하나님이요 먼데 하나님은 아니냐 나 여호와가 말하노라 사람이 내게 보이지 아니하려고 누가 자기를 은밀한 곳에 숨길 수 있겠느냐 나 여호와가 말하노라 나는 천지에 충만하지 아니하냐"(렘 23:23-24).

천국의 규모를 어떻게 상상인들 할 수가 있겠습니까. 언젠가 천국에 가서 그 답을 확인하는 것이 좋을 듯합니다. 새 예루살렘성의 규모와 내용이라도 잘 들여다보는 것이 좋겠습니다.

새 예루살렘성의 장(長) 광(廣) 고(高)는 12,000 스다디온(1,400마일, 2,200km)으로 대충 일본 동경에서부터 홍콩까지 정도의 거리입니다. 그런데 이 새 예루살렘성은 하나님의 나라에서, 천 년 동안 체류하기 위해서 내려온다는 것입니다. 천국 전체의 규모는 아니라는 말씀입니다. 그 성곽에는 동서남북마다 세 개의 문씩 12문이 있는데 문들마다 이스라엘 자손 12지파의 이름들이 기록되어 있고, 성곽 12기초석에는 어린 양의 12사도의 이름이 기록되어 있습니다. 그리고 놀라운 것은 12문들마다 하나의 진주로 되어 있다는 것입니다. 또 성곽의 기초석은 12종류의 보석으로 되어 있고, 성의 길은 맑은 유리 같은 정금으로 되어 있습니다. 그 천국의 정금 길을 걸어 보고 싶지 않으십니까? 새 예루살렘성의 존귀와 영광을 찬양합니다.

"성령으로 나를 데리고 크고 높은 산으로 올라가 하나님께로부터 하늘에서 내려오는 거룩한 성 예루살렘을 보이니 하나님의 영광이 있으매 그 성의 빛이 지극히 귀한 보석 같고 벽옥과 수정같이 맑더라 크고 높은 성곽이 있고 열 두 문이 있는데 문에 열 두 천사가 있고 그 문들 위에 이름을 썼으니 이스라엘 자손 열 두 지파의 이름들이라 동편에 세 문, 북편에 세 문, 남편에 세 문, 서편에 세 문이니 그 성에 성곽은 열 두 기초석이 있고 그 위에 어린 양의 십 이 사도의 열 두 이름이 있더라 내게 말하는 자가 그 성과 그 문들과 성곽을 척량하려고 금 갈대를 가졌더라 그 성은 네모가 반듯하여 장광이 같은지라 그 갈대로 그 성을 척량하니 일만 이천 스다디온이요 장과 광과 고가 같더라 그 성곽을 척량하매 일백 사십 사 규빗이니 사람의 척량 곧 천사의 척량이라 그 성곽은 벽옥으로 쌓였고 그 성은 정금인데 맑은 유리 같더라 그 성의 성곽의 기초석은 각 색 보석으로 꾸몄는데 첫째 기초석은 벽옥이요 둘째는 남보석이요 셋째는 옥수요 넷째는 녹보석이요 다섯째는 홍마노요 여섯째는 홍보석이요 일곱째는 황옥이요 여덟째는 녹옥이요 아홉째는 담황옥이요 열째는 비취옥이요 열 한째는 청옥이요 열 두째는 자정이라 그 열 두 문은 열 두 진주니 문마다 한 진주요 성의 길은 맑은 유리 같은 정금이더라 성안에 성전을 내가 보지 못하였으니 이는 주 하나님 곧 전능하신 이와 및 어린 양이 그 성전이심이라"(계 21:10-22)

사랑하는 성도 여러분!
이 세상에는 요한계시록의 말씀을 안 믿는 사람들이 많이 있습니다. 그러나 이 말씀을 듣고 믿는 사람들은 복 있는 사람들입니다.

"이 예언의 말씀을 읽는 자와 듣는 자들과 그 가운데 기록한 것을 지키는 자들이 복이 있나니 때가 가까움이라"(계 1:3).

구원받은 성도들에게는 천국이 현실로 다가올 날이 그리 멀지 않았습니다. 중요한 것은 생명책에 내 이름이 기록되어 있어야 한다는 것입니다.

"만국이 그 빛 가운데로 다니고 땅의 왕들이 자기 영광을 가지고 그리로 들어오리라 성문들을 낮에 도무지 닫지 아니하리니 거기는 밤이 없음이라 사람들이 만국의 영광과 존귀를 가지고 그리로 들어오겠고 무엇이든지 속된 것이나 가증한 일 또는 거짓말하는 자는 결코 그리로 들어오지 못하되 오직 어린 양의 생명책에 기록된 자들뿐이라"(계 21:24-27).

새 예루살렘성이 원 천국이라면 이와 같은 말씀을 하실 필요가 없을 것입니다. 성 밖에는 여전히 세상 사람들이 존재하고 있습니다. 새 예루살렘성 밖의 사람들은 절대로 성 안으로 들어갈 수 없다는 것을 귀담아 들어야 합니다. 예루살렘성 안에만 천국의 분위기이지 성 밖은 불신자들이 그대로 존재하고 있다는 사실을 간과하지 마시기 바랍니다.

"개들과 술객들과 행음자들과 살인자들과 우상 숭배자들과 및 거짓말을 좋아하며 지어내는 자마다 성 밖에 있으리라"(계 22:15).

천국으로의 초대
하늘에서 하나님으로부터 내려온 새 예루살렘성과 예수님은 그 후 어떻게 될까요?

예수님께서는 새 예루살렘성과 함께 이 세상에 내려오신 후 천 년 동안 하나님의 공의와 진리로 통치하여 하나님께 영광을 돌려드리고, 그 후 이 세상의 모든 사람들(산 자나 죽은 자들을 다시 살려서)을 흰 보좌에 좌정하셔서 심판하신 후 새 예루살렘성과 함께 다시 원 천국으로 승천 복귀하시는 것입니다. 그리고 예수님께서는 성도들과 함께 천국에서 영원히 존귀와 찬미를 받으시면서 영광중에 계시게 될 것입니다.

다음은 천국을 성경에서 부분적으로 소개한 말씀들입니다.
- 천국은 거룩하고, 순결하고, 아름다운 나라로 부담 없이 사는 곳
- 언제든지 하나님을 뵙고 살며, 모르는 사람이 없고 다 사랑하는 사이

- 이 세상의 것은 하나도 없는 곳
- 시간, 세월의 개념이 없는 곳
- 삼위일체 하나님께 감사와 찬송을 드리는 곳
- 해와 달, 별들이 없고, 하나님의 영광의 광채가 천국의 빛
- 천국의 천사들보다도 훨씬 아름답고 신령한 몸으로 변화된 성도들이 있는 곳
- 남녀의 구별이 없고 천사들과 같으나 더 나은 존재
- 그 규모를 측량할 수 없을 만큼 무한대한 하나님의 나라
- 변화된 성도들의 신령한 몸은 시공을 초월한 존재로 거하게 될 것 – 옛날 변화산에서 모세와 엘리야가 예수님과 함께 나타나셨듯이, 에녹이 하나님과 동행하는 삶을 살다가 하늘나라로 올라가셨듯이
- 새 예루살렘성보다 훨씬 큰 규모의 12종류의 보석으로 지은 천국
- 수정같이 맑은 정금으로 된 황금길
- 강마다 생명수가 흐름
- 강가에는 실과를 맺는 나무들이 즐비

아무리 표현을 한다고 해도 실제 천국의 실상에 턱없이 못 미칩니다. 죄 많은 세상에 사는 인간이 어떻게 천상의 일들을 말할 수 있겠습니까.

사랑하는 여러분!
여러분들을 하나님의 나라로 초대합니다. 하나님의 나라는 원하

시면 누구라도 들어갈 수 있습니다. 하나님께서는 어떠한 조건도, 대가도 요구하시지 않으십니다. 단 한 가지, 하나님의 말씀을 진실한 말씀으로 믿는 믿음을 원하십니다.

"믿음이 없이는 기쁘시게 못하나니 하나님께 나아가는 자는 반드시 그가 계신 것과 또한 그가 자기를 찾는 자들에게 상 주시는 이심을 믿어야 할지니라"(히 11:6).

"하나님이 세상을 이처럼 사랑하사 독생자를 주셨으니 이는 저를 믿는 자마다 멸망치 않고 영생을 얻게 하려 하심이니라"(요 3:16).

"모든 사람이 죄를 범하였으매 하나님의 영광에 이르지 못하더니 그리스도 예수 안에 있는 구속으로 말미암아 하나님의 은혜로 값없이 의롭다 하심을 얻은 자 되었느니라"(롬 3:23-24).

"네가 만일 네 입으로 예수를 주로 시인하며 또 하나님께서 그를 죽은 자 가운데서 살리신 것을 네 마음에 믿으면 구원을 얻으리니 사람이 마음으로 믿어 의에 이르고 입으로 시인하여 구원에 이르느니라"(롬 10:9-10).

"누구든지 주의 이름을 부르는 자는 구원을 얻으리라"(롬 10:13).

이 말씀을 하나님의 말씀으로 믿고, 예수님을 자신의 구주로 영접하면 구원을 받습니다.

"영접하는 자 곧 그 이름을 믿는 자들에게는 하나님의 자녀가 되는 권세를 주셨으니"(요 1:12).

"그러나 귀신들이 너희에게 항복하는 것으로 기뻐하지 말고 너희 이름이 하늘에 기록된 것으로 기뻐하라 하시니라"(눅 10:20).

"믿음의 결국 곧 영혼의 구원을 받음이라"(벧전 1:9).

하나님의 나라는 이렇게 믿는 자들이 들어가게 되는 것입니다. 흔히 사람들은 구원과 관련하여 선행으로 구원을 받는다고 생각합니다. 선행은 좋은 일입니다. 사람은 마땅히 선행에 힘쓰며 살아야 합니다. 그러나 하나님께서는 인간들에게 선행으로 구원의 조건을 제시하지 아니하셨습니다. 인간들에게는 선행으로 구원받을 만한 능력이 없는 것을 잘 아시기 때문입니다.

"한 번 죽는 것은 사람에게 정하신 것이요 그 후에는 심판이 있으리니"(히 9:27).

사람은 누구라도 한 평생 살다 죽습니다. 그 후에는 하나님의 심판이 있습니다. 그리고 영생 아니면 영벌을 받게 됩니다. 천국이냐 지옥이냐 하는 문제는 이 세상에서 자신들이 결정해야 하는 것입니다. 더 늦기 전에, 바로 지금 예수님을 영접하셔서 꼭 천국 시민이 되시기 바랍니다.

"예수께서 가라사대 내가 곧 길이요 진리요 생명이니 나로 말미암지 않고는 아버지께로 올 자가 없느니라"(요 14:6).

책을 맺으며

예수님께서는 이 세상에 계실 때 사랑하는 제자들에게 친히 말씀하신대로 천하 만민의 죄를 지고 십자가에 달려 죽으심으로써 죄값을 완전히 지불하시고, 죽으신지 3일 만에 부활하셨습니다. 그리고 40일간 사랑하는 제자들과 함께 지내신 후 때가 되면 다시 오시겠다는 약속의 말씀을 남기시고, 예루살렘의 감람산에서 제자들이 지켜보는 가운데 구름을 타고 승천하셨습니다.

"저희가 모였을 때에 예수께 묻자와 가로되 주께서 이스라엘 나라를 회복하심이 이 때니이까 하니 가라사대 때와 기한은 아버지께서 자기의 권한에 두셨으니 너희의 알 바 아니요 오직 성령이 너희에게 임하시면 너희가 권능을 받고 예루살렘과 온 유대와 사마리아와 땅 끝까지 이르러 내 증인이 되리라 하시니라 이 말씀을 마치시고 저희 보는데서 올리워 가시니 구름이 저를 가리워 보이지 않게 하더라 올라가실 때에 제자들이 자세히 하늘을 쳐다 보고 있는데 흰 옷 입은 두 사람이 저희 곁에 서서 가로되 갈릴리 사람들아 어찌하여 서서 하늘을 쳐다보느냐 너희 가운데서 하늘로 올리우신 이 예수는 하늘로 가심을 본 그대로 오시리라 하였느니라"(행 1:6-11).

성경에는 예수님의 재림에 관한 예언이 직·간접적으로 300회 이상 기록되어 있습니다. 중요한 것은 그 횟수의 많음이 아니라 예수님께서 다시 오신다는 약속을 자신이 친히 하셨다는 것입니다.

"너희는 마음에 근심하지 말라 하나님을 믿으니 또 나를 믿으라 내 아버지 집에 거할 곳이 많도다 그렇지 않으면 너희에게 일렀으리라 내가 너희를 위하여 처소를 예비하러 가노니 가서 너희를 위하여 처소를 예비하면 내가 다시 와서 너희를 내게로 영접하여 나 있는 곳에 너희도 있게 하리라"(요 14:1-3).

요한계시록은 성경의 마지막 책입니다. 예수님께서는 마지막 책의 마지막 장에서 성경을 마무리하시면서 다시 오시겠다는 약속을 세 번이나 강조하셨습니다.

"보라 내가 속히 오리니 이 책의 예언의 말씀을 지키는 자가 복이 있으리라 하더라"(계 22:7).

"보라 내가 속히 오리니 내가 줄 상이 내게 있어 각 사람에게 그의 일한대로 갚아 주리라 나는 알파와 오메가요 처음과 나중이요 시작과 끝이라"(계 22:12-13).

"이것들을 증거하신 이가 가라사대 내가 진실로 속히 오리라 하시거늘 아멘 주 예수여 오시옵소서"(계 22:20)

사랑하는 성도 여러분!
예수님께서 다시 오신다는 약속의 말씀은 하나님의 약속으로, 현재도 변함이 없습니다.

"이 천국 복음이 모든 민족에게 증거되기 위하여 온 세상에 전파되리니 그제야 끝이 오리라"(마 24:14).

예수님께서 언제 오실지 모르지만 반드시 다시 오십니다. "내가 진실로 속히 오리라"(계 22:20)는 예수님의 말씀은 반드시 이루어질 것입니다.

저는 이 책을 통해 성경에 예언된 말세의 징조와 그 후에 일어날 일들을 성경에서 예언하신대로, 순서대로 설명을 했습니다. 성경에 기록된 말세의 징조들과 세상의 표징들을 잘 보면서 경성한 심령으로 깨어서 신앙생활을 잘 하시기 바랍니다.

예수님의 재림을 고대하며

강 인 규 목 사